Layka Froyka
(El romance de cuando yo era niña)

autobiografía
Emilia Bernal Agüero

Editor
Rolando D. H. Morelli

(Tomado de la edición matritense de 1925, sufragada por la autora).
Tercera edición, preparada, anotada y precedida de un estudio, al cuidado del Dr. Rolando D. H. Morelli
© De la presente edición: Rolando D. H. Morelli
ISBN 0-9771987-0-7
Diseño de portada: Dr. Iván Drufovka Restrepo

TABULA GRATULATORIA

El editor desea expresar aquí su gratitud y reconocimiento a todas aquellas personas de cuya generosa ayuda, en diferentes circunstancias y momentos, es deudor.

A la doctora Gabriella Ibieta directora del «English Language Program» de la *Drexel University*, y a la profesora Ana del Loreto Troncoso otrora directora académica y administrativa del «Language Learning Center», igualmente de *Drexel*, quienes facilitaron considerablemente el acceso a libros esenciales a la investigación, en su primera fase.

Asimismo a la doctora Yara González Montes, por su contribución a algunos aspectos de la investigación, y al doctor Matías Montes Huidobro por su estímulo de siempre, y en particular por la ayuda prestada a este proyecto. A ambos, las más expresivas gracias por su ayuda en acceder a una copia de la segunda de dos ediciones de la autobiografía de Emilia Bernal. También por ello, y por haber hecho posible completar las notas finales de este libro, va aquí expresada la gratitud del editor a la inestimable bibliotecaria Lesbia Orta Varona de la *University of Miami*, sin cuya intervención y solicitud no le habría sido posible efectuar el cotejo de ambas ediciones ni cerrar satisfactoriamente la serie de notas.

A don Emilio Bernal Labrada, de la Academia Norteamericana de la Lengua Española, y nieto de la autora, el cual amablemente respondió a las preguntas del editor, y recibió con beneplácito este proyecto tan pronto tuvo de él noticias. Al doctor K. O. Findeisen, que leyó de cerca los borradores de la nueva edición, dio sugerencias, y de mil otras maneras apoyó el proyecto. Al señor Renato L. Recio y a la señora Luisa Ramos, que prontamente respondieron a la solicitud de información del editor acerca de uno u otro asunto a través del foro público en las páginas cibernéticas de Camagüeyanos por el mundo. A la amiga, escritora, poeta y perito cibernética Karin Aldrey, que ofreció al editor el concurso de amigos sabios y generosos.

A la solicitud, y ayuda recibida de las bibliotecarias del Departamento de Préstamos Interbibliotecarios de *Villanova University*.

A la doctora Gabriella de la Campa por el estímulo infatigable de su cubanía e intelecto, sin mengua a los ochenta y cuatro años.

Y por último, aunque de modo alguno en menor medida, al doctor Iván Drufovka Restrepo, quien con su talento, conocimiento y experiencia de los recursos cibernéticos dio al manuscrito su forma definitiva, contribuyendo de este modo a hacerlo más atractivo en su forma, y posible en última instancia.

Todos ellos, contribuyeron con su generosidad, con el interés mostrado, y la cooperación ofrecida a la realización de esta edición. Naturalmente, el editor no los responsabiliza con ninguna de las fallas de que la misma no hubiera podido librarse.

A manera de presentación

Un par de años atrás, me llegaba una grata y sorpresiva noticia directamente de alguien a quien por entonces no conocía personalmente —el profesor Rolando D. H. Morelli—, quien me anunciaba su reedición de *Layka Froyka*, proyecto en el que trabajaba y estaba a punto de concluir. Confieso que además de sorpresa y alegría, la noticia me produjo un poco de escepticismo. Sin embargo, pocos meses después, sería aún mayor mi sorpresa y regocijo al recibir el manuscrito ya prácticamente terminado —mi corresponsal me consultaba algunos detalles que yo, como nieto de la poetisa, conocía o acaso pudiera esclarecer—. Descubrí entonces que el editor había realizado, magistralmente, una tarea esencial y oportunísima para conmemorar la vida y la obra de la autora, no menos que para reivindicar su figura tras el abandono en que había caído —cosa que, precisamente, procurábamos desde hacía algunos años con la Fundación «Emilia Bernal» y el premio literario que lleva su nombre.

Huelga decirlo, pues la prueba está en las manos del lector, pero es de veras impresionante lo logrado por el estudioso al re-editar con tanta y tan minuciosa atención al detalle la autobiografía de Emilia Bernal, precediéndola además de un pertinente como extraordinario estudio sobre la poetisa, titulado *«Del reconocimiento al olvido. La trayectoria creadora y vital de Emilia Bernal Agüero»*. Este enjundioso ensayo, que se distingue por la calidad de su análisis y el profundo conocimiento de la poetisa y de su obra, no requiere de que le arrimemos calificativos.

El estudio de la prosa y el verso de Emilia Bernal en estas páginas figura, eso sí, entre lo más certero, preciso y hermoso que se haya escrito sobre ella hasta el día de hoy. Y la reproducción del texto de *Layka Froyka* es en sí una joya, calzado como se nos ofrece con lujo de datos, notas al pie, referencias, acotaciones —todo ello con absoluto respeto a la verdad histórica tal como es posible interpretarla desde la actual perspectiva y, según corresponde a nuestros recuerdos durante la vida de ella y como la conocimos a través de la lectura de su obra, y de los escritos que sobre ella han hecho las más autorizadas figuras de nuestro medio cultural.

Así pues, mediante este atinado proemio del profesor Morelli, rico en detalles y sustentado por un fino análisis, surge el retrato fiel del genio literario y naturaleza particular —diríase hasta del carácter espiritual— de la poetisa camagüeyana, coterránea suya, que rescata él de ese *olvido* al que se refiere en el título de su estudio, emprendido para justipreciar el valioso aporte a la cultura cubana e hispanoamericana de Emilia Bernal.

Valiéndose con frecuencia de las propias palabras de la poetisa, hace el ensayista un análisis a fondo de la existencia de aquélla, de cómo se desenvolvía en el plano emotivo, intelectual, social y cultural; de cómo veía la vida de su familia, de su pueblo y de su nación conforme a las experiencias de su niñez que recoge en ese *romance de cuando [ ] era niña*, frase que corresponde justamente al título de *Layka Froyka*. Y precisamente, interesa el examen que hace Morelli de este curioso título, y las conclusiones a que al respecto llega, algo que hasta la fecha había quedado prácticamente en limbo, casi como ha ocurrido con la propia figura de la autora que ahora comienza a recuperar su justo lugar en nuestro parnaso, gracias en buena parte a esta obra de amor del editor.

No se detiene él en estos aspectos, sin embargo, sino que llega al punto de situar a Emilia Bernal en la perspectiva nacional y en la andadura de la nueva república que nace durante la adolescencia de ella. Porque debe saberse que la actividad intelectual de Emilia Bernal se desbordó mucho más allá de las letras, de la prosa y la poesía, ya que le preocuparon intensamente el carácter, las cualidades fundamentales y el porvenir del pueblo cubano, a todo lo cual dedicó numerosos estudios y conferencias.

Apunta asimismo Morelli en su trabajo, el singular hecho de que fuera la autora una de las primeras mujeres en atreverse a desafiar las costumbres de la época optando por la separación matrimonial y rompiendo ese vínculo tan pronto como la legislación cubana lo autorizó. Ello, entre otras dificultades, le granjeó —como se observa— la animadversión de los sectores conservadores y tradicionalistas de la sociedad.

Destácanse también en el estudio que nos ocupa, las referencias a opiniones de importantes críticos literarios —como el notable Juan J. Remos—, sobre la obra de Emilia Bernal y la defensa que de su talento hicieron estos, procurando que en su valoración prevaleciera la objetividad, siempre escurridiza, por sobre prejuicios y preferencias esgrimidos por quienes se sentían incómodos ante el carácter de la poetisa, muchas veces recio y franco, despreocupado del deterioro que pudiera repercutir en su nombradía.

Con ejemplos bien escogidos de la poesía de la autora, Morelli da la estampa del singular estilo y cualidades esencialmente románticas de aquélla. Porque si bien algunos la calificaron de «intimista» —y sin duda de ello tiene mucho— otros, como el tribuno y publicista Víctor Vega Ceballos, la colocaron en el ámbito de los poetas y poetisas románticos.

Layka Froyka abarca en lo temporal apenas la niñez de la poetisa. En palabras de nuestro ensayista y editor, viene a tratarse de una serie de "viñetas breves y concisas, a manera de episodios que retratan momentos capitales de la infancia de su autora", sin embargo en la propia introducción a su narrativa, titulada «*Explicación*», Emilia Bernal nos da una clara visión de cómo se desenvolvía su vida en la época misma en que escribió su autobiografía, la que corresponde a su auto-destierro neoyorquino —presagio del forzoso, lamentable y definitivo, en 1962.

En síntesis, el profesor Rolando D. H. Morelli, a quien nos enorgullece contar actualmente como miembro de la directiva de la Fundación «Emilia Bernal», ha dado ejemplar cumplimiento a un proyecto con el que apenas habíamos soñado. Duda no nos cabe de que es apenas el comienzo de una andadura de la cual vislumbramos mayores logros aún. Pero éste, el de la reedición de *Layka Froyka, el romance de cuando yo era niña*, es ese paso primero y firme cuyo fruto tiene en las manos usted, lector, para un recreo histórico-literario que lo transportará a los albores de nuestra república y a la espléndida intimidad de nuestra musa poética, que encarnó en Emilia Bernal.

Emilio Bernal Labrada,
De la Academia Norteamericana de la Lengua Española.

Del reconocimiento al olvido

La trayectoria creadora y vital de
Emilia Bernal Agüero

Algunos apuntes para la re-edición de su autobiografía

Entre 1916, fecha de la aparición de su primer libro[1], y 1953, que corresponde a su última publicación conocida[2], produjo Emilia Bernal Agüero —con pasión y fecundidad singular—, una vasta obra literaria de genuino mérito y fuerte individualidad, hoy poco menos que olvidada. Al margen de sus innegables cualidades literarias, dicha obra constituye asimismo un testimonio inequívoco de la tenacidad que caracterizaba por igual a la mujer y a la artista, y de la devoción que ésta sentía por su arte. Procediendo con absoluta justicia —nunca, mejor llamada *poética*— esta contribución abundante y nada ordinaria al caudal de la cultura cubana por parte de la Bernal debería contarse hoy día como obra de fundación, y valorarse al par, si no por encima de los méritos que se reconocen a otros de sus contemporáneos,[3] pero la obra de un autor está sujeta muchas veces a las oscilaciones de diverso tipo que en torno a ella tengan lugar, y la suscrita por Emilia Bernal Agüero parece haber ejercido, a la manera de un imán que atrae sobre sí mismo las partículas afines, un atractivo fatal sobre sus circunstancias, que son, por otra parte, las de la autora.

Conocer los hechos singulares que constituyen la historia personal y la vida —intensa, trashumante, y difícil— de Emilia Bernal Agüero equivale, por tanto, casi a disponer de una medida que haga posible entender su carácter, y aquilatar adecuadamente algunos aspectos de su vasta obra creativa, merecedora —por otra parte— de atención y aprecio en virtud de sus propios valores, y no como simple correlato de la vida de quien fue su autora. De manera que, al escoger precisamente su autobiografía para presentarla nuevamente al público lector de lengua española, el editor se propone a la vez que rescatar una obra de sobrados méritos, poner de relieve de qué manera las circunstancias y hechos de la vida de la autora determinaron no sólo la dirección temática y estilística de su producción, sino el destino corrido por la misma.

Aunque se ha disputado el año exacto de su nacimiento, y aún el de su muerte se ha dado indistintamente como 1964 o 1968,[4] no caben dudas respecto al lugar de nacimiento de la autora:

---

[1] *Alma errante: poesías* (Imprenta Rambla y Bouza, Habana, 1916) con prólogo de Manuel Márquez Sterling y Loret de Mola.

[2] *Martím Cereré*. (De Ricardo Cassiano. Traducción del portugués y Ante Prólogo de Emilia Bernal, Ediciones Cultura Hispánica, Madrid, 1953)

[3] Entre tales figuras pudieran mencionarse los nombres de Regino Boti (1878-1958), Agustín Acosta (1886-1979), José Manuel Poveda (1888-1926), Mariano Brull (1891-1956), Felipe Pichardo Moya (1892-1957), José Zacarías Tallet (1893-1989) y Rubén Martínez Villena (1899-1934), pues si bien —con la excepción de Martínez Villena— el resto de los poetas aquí nombrados ha sido preterido de la crítica oficial cubana, y su obra respectiva relegada, ninguno de ellos ha llegado a convertirse aún en un absoluto desconocido dentro y fuera de Cuba, como ya ocurre con Emilia Bernal y su obra.

[4] Víctor Vega Ceballos da por definitivas las fechas mayo 8 de 1884 y diciembre 20 de 1964 como las del nacimiento y muerte de la autora, en la portadilla de su folleto *Emilia Bernal Agüero. Poetisa de la inconformidad y la rebeldía* (Peninsular Printing Inc. Miami, Florida, 1978), sin indicar la procedencia o fuente directa de su datación. El *Diccionario de la literatura cubana* del Instituto de Literatura y Lingüística (Editorial Letras Cubanas, Habana, 1980) (114) coincide con la datación del nacimiento, pero indica desconocer la fecha exacta de la muerte de la autora en lo concerniente al día y el mes, no así respecto al año, que indica igualmente como 1964. Luis Rogelio Nogueras, quien en 1983 incluyó en su selección de *Poesía cubana de amor. Siglo XX* (Letras cubanas, Habana, (188)) un soneto de la Bernal y unas breves notas, la declara nacida en la ciudad de La Habana en el año de 1894, y fallecida en Washington D.C. en 1964. Ignoramos la fuente de dónde pudo obtener Nogueiras los datos referidos al lugar y fecha de nacimiento de la autora. El que concierne a su lugar de nacimiento es incorrecto, según lo que ella misma nos hace saber en las páginas de su autobiografía. En cuanto a dar el año 1894 como el del nacimiento de la Bernal, no sólo se aparta el antólogo de los autores anteriormente citados por amplio margen, sino que esta fecha resulta insostenible, teniendo en cuenta que según el relato de la propia autora ya era casi una adolescente cuando en 1895 fue testigo de hechos de guerra entre los que acaso sobresalga el incendio y destrucción de que fue objeto su casa a mano de tropas mambisas comandadas por Máximo Gómez. Asimismo, varios diccionarios consultados por este editor, indican diferentes fechas o, dejan de mencionar a la autora, a partir de cierto momento. El prestigioso

la ciudad portuaria de Nuevitas (en Camagüey), Cuba. Ella misma nos lo hace saber de esta manera en las páginas de su autobiografía: *"(...) se dirigían mis padres (...) al vetusto Camagüey, [entonces Puerto Príncipe] pero al llegar a Nuevitas, yo, como siempre inoportuna, me aparecí de improviso en aquella ciudad ribereña, sin darles tiempo de arribar [al punto de destino]"*. Así pues, a la ciudad de Puerto Príncipe donde residían de común, se encaminaron finalmente los padres, una vez nacida su hija[5]. Y ya en aquélla, tuvo lugar el correspondiente bautizo en la Iglesia Parroquial Mayor, en cuya partida de nacimiento la recién nacida debe haber sido inscrita con los nombres de Emilia Mercedes, pues según manifiesta la autora en algún aparte de su libro *Mallorca, Prosa y verso* (Imprenta Universitaria, Santiago de Chile, 1938 (56)) éste es también su nombre.

Los primeros años, plácidos, apacibles y ociosos,[6] debieron transcurrir con holgura económica en el seno del hogar, y de la familia inmediata. El medio hogareño fue siempre propicio a la satisfacción de la variada curiosidad de que la pequeña Emilia daba muestras, y asimismo, favorable a toda clase de expansiones artísticas. Ambos padres, varios tíos y tías, lo mismo que un tío-abuelo por el lado paterno, dieron siempre muestras de sus inquietudes y dotes intelectuales o artísticas, al punto de que podría decirse de la autora que el genio *lo llevaba en la sangre*, o que *lo había bebido desde muy temprano en la cuna,* según suele decirse. La casa de

---

Diccionario Enciclopédico Ilustrado de la Editorial Sopena, de 1954 (Barcelona, (424)), fecha en que aún vivía doña Emilia, erróneamente indica como la de su nacimiento el año 1888. Por su parte el *Diccionario Enciclopédico Ilustrado* de Espasa - Calpe (5ta edic. Madrid, 1985) ya no recoge siquiera el nombre de la autora, aunque consigna el apellido Bernal en sus páginas. El señor Emilio Bernal, nieto de la escritora responde a un lector interesado en conocer datos acerca de doña Emilia (página cibernética de *Camagüeyanos por el mundo*, junio 1, 2001), que la autora murió en el año 1968. Más tarde, en comunicación con el Sr. Bernal este investigador confirmó que se trataba de un error. La fecha parece ser efectivamente el año 1964, que aparece registrada en el túmulo del cementerio *Mount Olivet* de *Washington D.C.* donde yacen los restos de la autora.

A veces también se ha confundido y trastocado el segundo apellido de la autora, el cual se da como Labrada. En realidad se trata del apellido de quien fuera su esposo, y del cual se separó —según apunta Vega Ceballos en el trabajo citado con anterioridad— cuando en Cuba aún no se había aprobado la ley que prescribía el divorcio. Es de presumir que aprobada dicha ley en el año 1918 se consumó legalmente la separación de la pareja. En la «Explicación» que la autora coloca al principio de su autobiografía hará referencia en particular a este hecho cuando dice:

> "Del hogar, perseguida... De mi defensor, engañada... De mi profesión, escarnecida... El señor Secretario de Instrucción Pública me había puesto la proa, gratuitamente... ¿Mis compañeras?... Mis jueces, por no hacerme daño, me llamaban con desprecio: ¡histérica...!
> ¡*Yo* no le pedía protección a nadie! ¡Yo todo lo confiaba a mi esfuerzo y la justicia! Pero no hubo empeño que tuviera, ni actividad que desarrollara, a la cual no siguiese el fracaso inmediato, después de mis largos sacrificios... En fin, que se me había hecho imposible hasta ganar el pan para mis hijos en mi patria... Y me desterré...

[5]Precisa la autora que "pasados unos meses en Nuevitas" —no indica cuántos, pero suponemos que no deben haber sido muchos pues el bautizo de la recién nacida debió aguardar hasta entonces— "siguieron rumbo hacia el Camagüey", donde fue bautizada finalmente.

[6]La autobiografía no da cuenta exacta de qué manera ocurrió la ruina posterior de la familia, pero se podría concluir de la lectura que dos fueron las causas fundamentales: primeramente, la naturaleza improductiva de esa misma existencia patriarcal celebrada por la autora, según la cual la riqueza no se fomenta, sino que se usufructúa, y procede en exclusiva de la tenencia de bienes raíces heredados, como la tierra, pero sin que se produzca la acumulación y multiplicación de capital mediante gestiones de mercado u otras. En segundo lugar, la ruina del patrimonio familiar corresponde a la destrucción de la economía del país que trajo consigo la guerra y que fue política consciente de sus gestores. Recuérdese el lema de "la tea incendiaria", que llevó de Oriente a Occidente "la guerra necesaria" y dolorosa, de que habló Martí, y que correspondía a la política española expresada por Canovas, de gastar en Cuba si fuera necesario —que lo era— "hasta la última peseta".

Puerto Príncipe acogió siempre a un número selecto de contertulios del padre o de la madre, lo cual debe haber contribuido no poco a estimular intelectualmente a la futura escritora. Y, mientras que para dormir, la madre le recitaba versos, el padre le hablaba de las constelaciones del cielo y le explicaba el origen mitológico y la razón de sus nombres. Este ámbito hogareño en extremo liberal parece haberse caracterizado, además, por una absoluta tolerancia y relajamiento de la disciplina familiar[7] —lo que permitía a la niña ir y venir a su albedrío por la vecindad y en compañía de chicos y chicas de todas las clases—. Todo ello, a su vez, debe haber contribuido en medida mayor o menor a formar el carácter, espontáneo, franco, desprovisto de dobleces, e incapaz de simulaciones, pero igualmente indisciplinado[8], y muy ponderador de imaginarios, de que luego dará muestras la autora. El recuerdo gozoso de esta época temprana de su vida, por otra parte, habría de confortarla algo más tarde cuando, aún sin haber entrado del todo en la adolescencia comienza ya a sentir el azote cada vez más acuciante del *sino*, cuyo acoso al parecer no cesa sino con la muerte misma[9].

Aunque la autobiografía que aquí presentamos cubre apenas el período que va de la niñez a la adolescencia de la autora, estas páginas suyas bastarían a iluminar y a dar un sentido al carácter auto-referencial que signa la totalidad de la obra bernaliana, que confirme, por otra parte, lo antes dicho respecto a la serie de dificultades que pronto jalonaron su vida, y en medio de las cuales tuvo lugar la intensa actividad creadora que la caracteriza. En este sentido, concordamos plenamente con el juicio que Víctor Vega Ceballos aplica al conjunto de la producción literaria de la Bernal, calificándola de romántica[10]. Dicho de otro modo, la subjetividad obsesiva, y la presencia obsesionante y obsesionada del *yo,* constituyen a nuestro ver, el sesgo que mejor define y domina la obra toda de la autora. De tal modo es ello así, que no resulta sorprendente hallarse a menudo con la referencia autobiográfica hasta en un libro en apariencia tan alejado de estos propósitos como el llamado *Mallorca*. El mismo prologuista de esta obra nos lo observa de pasada al afirmar: *"(...) comprendo que no tenga usted un gran recuerdo de su país, pero si viera cómo al entrar(...) en un salón penetra en él con usted toda la isla de Cuba colgada de su falda"*(10). Vale decir, presencia a ultranza de la autora en su obra, que de tal modo *memorializa* su peripecia vital mediante el apunte que refleja, de qué manera siente el alma, mucho más que sirviéndose de la pedestre anotación de una ocurrencia, o de una fecha, aunque también de una y otra se trate. O lo que vendría a ser lo mismo, ¡La anécdota de lo emotivo, señoreando sobre la anécdota de los hechos mismos! Es importante detenerse brevemente aquí, y destacar la afirmación que se cita con anterioridad, para no olvidar hasta qué punto, esa alma era a la vez la de una cosmopolita trotamundos, y la de una mujer sumamente cubana, dualidad y suma ésta que enriquece su producción y le confiere un aire de universalidad a la vez que un sello único.

---

[7]La autora se complace en presentarnos un cuadro tras otro de *laissez faire* imposible de concebir hoy día. ¿Acierto, o desatino de su educación? ¿Hasta qué punto pudo pesar la enfermedad de la madre y el carácter y sordera del padre en la concepción y aplicación de tal diseño pedagógico?
[8]La misma autora lo reconocerá así en más de una ocasión, durante el curso de su relato.
[9]Sus poemas, como la autobiografía, y muchos de sus escritos, dan testimonio de un ensañamiento en su persona que tal parece corresponder a ese lugar común romántico denominado *el sino*, cuyo comportamiento se revela siempre inexplicable, inmisericorde, y misterioso. Al punto de que, cuando ya parece que el destino debe haberse cobrado en ella su cuota de sufrimiento, a una edad provecta le impone todavía el último vejamen: un nuevo exilio —éste con carácter que será ya definitivo— la censura de su obra, la muerte lejos de la patria, la preterición y el olvido de su persona, y de la obra y empeños de toda una vida.
[10]Además de lo antes dicho acerca del infortunio de su vida, y sin entrar aquí en consideraciones estilísticas que corresponden a diversos momentos de su producción, es romántica la obra de Emilia Bernal, sobre todo por el torbellino en torno al cual giran incesantemente una y otra, y cuyo eje fundamental es la auto-referencialidad.

No caben dudas de que al alejarse de Cuba por primera vez en 1919, Emilia Bernal se representaba un ideal de patria, la cual hasta el momento en que sale de su país no había cuajado, a pesar del advenimiento de la república, y así lo expresa ella categóricamente en algún momento de su autobiografía: *"(...) ¿Dónde está mi patria? [...]. ¡Ah, mi patria es un sentimiento! ¡Mi patria es un bien futuro! ¡Ahora no existe!"*(14). Se explica así mejor —es decir, se completa nuestra comprensión del hecho— la aparente paradoja de su continuado auto-destierro y de su amor por Cuba. La patria la llevaba en ella, era su inseparable y su ideal. Cuba era el diseño de un proyecto futuro, incluso próximo, pero aún no logrado. Por otra parte, el afán de conocer, de *conocer mundo* —para acudir a una locución conocida—, y el de perfeccionarse espiritualmente avanzando siempre hacia delante en busca de una meta a la vez esquiva y realizable, se combinan en la autora para producir un ser infatigable, laborioso, hurgador, andariego, inquisitivo, inconveniente casi siempre, y siempre interesado por la novedad, y por la verdad sustancial que es de presumirse tras las apariencias.

A esta insaciable avidez de mundos que la trajo de saltabarrancos la mayor parte de su vida, de uno a otro país, se corresponde en el orden artístico-intelectual esa apetencia y curiosidad de que dan cuenta sus libros: abarcadores, desordenados, angustiosos, indagadores y desconcertantes, y en los que parece no tener mucho tiempo para detenerse, pues ya otro libro o actividad la aguardan —o la autora presiente que deben aguardarla— en otro alto del camino. Envaneciéndose de ello, precisamente, confiesa la autora en la «*Explicación*» que antepone a su autobiografía, que una vez concluida la obra, la dejó *"tal y cual salió de [su] corazón. Sin retoques ni enmiendas"*[11]. Ello, naturalmente, no sólo confirma aquello que ya sabemos bien de las expansiones de su ser, y de su temperamentalidad, sino que explica además, en parte, que el texto incurra en erratas —obvios sinsentidos—, como sería el datar la venida a Cuba de la familia paterna en el año 1898, cuando ya la autora ha establecido de antemano que estamos en el de 1895 para el cual ella es ya una jovencita pubescente, lo que se infiere del hecho de haberse enamorado y de concebir la posibilidad de una relación de tipo sentimental tolerada por los padres. Por otra parte, esta confesión de la autora respecto a la falta de revisión del material una vez escrito —y más allá del texto en cuestión, es decir, haciéndolo extensivo a la generalidad de su producción—, explica parcialmente asimismo el descuido en que a veces amenazan con naufragar otros textos suyos. En una época en que no existían las ordenadoras, y aún las máquinas de escribir no siempre constituían un medio accesible o conveniente, mucha escritura seguía haciéndose a mano. Como manuscritos, en su sentido exacto, iban con harta frecuencia los textos a manos del editor, o a las del impresor, que a su vez los ponía en manos de los cajistas o linotipistas, según fuera la índole de la editorial o imprenta. Una vez allí, los textos eran *preparados* para su impresión en la forma de galeradas, también llamadas galeras[12], y no siempre

---

[11]Se trata en parte de una *boutade* característica de la autora, más no por ello debemos desestimar su declaración pues resulta imposible determinar hasta qué punto los descuidos que se deslizan aquí y allá a lo largo de éste y otros textos suyos se deben a la premura con que los concibió —el de su autobiografía en particular, según lo afirmado en ella— o en razón de no haberse detenido a revisarlos antes o después de darlos a la imprenta. Sin incurrir en contradicción, apuntemos de paso que al final de su libro *Exaltación*, (Madrid, Imp. G. Hdez y Galo Sáez, 1928) la autora, o el editor, dedican página y media a consignar las erratas advertidas en las ediciones de los libros *Los nuevos motivos* y *Vida* respectivamente, aparecidos en 1925.

[12]El término *galeras* se refiere al parecido que guardan las filas de letras o tipos móviles y la disposición en ringlera que se les daba en la composición de una plancha de metal que correspondía inversamente a la de la página que se imprimiría, a aquélla de las naves-galeras de guerra servidas por galeotes. Aún hoy, al menos en Cuba, se llama galeras al conjunto de celdas de una cárcel, dispuestas de un cierto modo. A pesar de los cambios ocurridos desde entonces en términos de impresión, sigue llamándose de este modo a las pruebas de imprenta que el autor debe aprobar o enmendar antes de que el texto sea dado a la impresión definitiva. Así pues, el término *galera* bien podría

correspondían palabra a palabra, y letra a letra a lo sometido por el autor. Mucho tenían que ver en ello el conocimiento que de la ortografía, el tema, y otros elementos tuvieran quienes manejaban el futuro libro. Luego, podía o no haber revisión de las pruebas de galera por parte del autor o autora, e incluso por parte de otra voz *autorizada* cualquiera. Aunque en este punto todo no pasa de ser materia especulativa de nuestra parte, parece lógico suponer que doña Emilia no concediera mucho valor, o contara con el tiempo y la disposición de ánimo requeridos para *perderlo* en revisar galeras. Acaso toda esta combinación de factores, que no pretende ser exhaustiva, expliquen a la larga el descuido obvio de que sufren muchos de sus libros y las erratas que con frecuencia se deslizan en ellos. Por otra parte, el no contar con los originales de *puño y letra* de la autora impide a quien tal se lo proponga, atribuir y delimitar responsabilidades. De lo que se trata aquí, sin embargo, es de dejar claramente establecida la existencia de un *patrón* —por así decir—, el cual, si bien no corresponde en exclusiva a la producción de la Bernal asume a ratos en el caso de su obra manifestaciones alarmantes, las cuales, a la vez que *caracterizarla* hasta cierto punto, la marcan con un sello de descuido.

Sin embargo, pese a los numerosos defectos de esta índole de que está plagada, y a cuya existencia y efectos se ha hecho referencia previamente, tal vez lo que más sorprenda de todo respecto a la producción de Emilia Bernal sea el hecho mismo de su proliferación y sostenida calidad, sobre todo si se tiene en cuenta las circunstancias trashumantes en que tuvo lugar, pues la mayor parte de ella aconteció en medio de viajes que parecen haber sido incesantes, emprendidos por la autora para satisfacer una agenda de trabajo relacionada con la divulgación de la cultura cubana; para interesarse por las culturas de México, Chile, Brasil, y muchos otros países; o relacionada con la traducción al español de autores de otras lenguas, o con la impresión de sus propias producciones. Esta labor incesante y abarcadora que nos dejó como resultado inmediato una extensa bibliografía activa, es responsable asimismo de que exista —en correspondencia con ella— una variada y no menos interesante bibliografía pasiva, señal evidente de la estima literaria en que, con el paso del tiempo llegaron a tenerla sus contemporáneos. Esto último en particular, pudiera resultar hoy día desconcertante en extremo a quien se acercara por primera vez a su obra, pues el silencio abrumador en torno a la misma no parece guardar relación alguna con el interés y la alta estimación de que —pese a las reticencias de uno u otro orden, en la opinión crítica de su momento—, la misma llegó a gozar tanto dentro como fuera de su país de origen[13].

Tal reconocimiento crítico —llegado es el momento de decirlo, y de examinar sucintamente la cuestión— no se debió en manera alguna a factores extrínsecos a la obra que se juzgaba, tales como las simpatías personales o la mirada que observa con favor a un autor por simple correspondencia de vectores personales o sociales entre éste y sus comentaristas. Más bien, todo lo contrario ocurre en el caso de la Bernal. Si bien su primer libro de poemas obtuvo el

---

sugerir también, metafórica o hiperbólicamente y a causa del esfuerzo y dedicación requeridos del autor, la condena a que se sometía a los esclavos y condenados designados como *galeotes*, precisamente por hallarse encadenados de por vida, a los remos que movían las galeras de guerra, labor bestial que cumplían los infelices bajo el imperativo del azote incesante. ¿Puede el lector imaginar a nuestra autora, obligada a volver una y otra vez sobre lo escrito, a revisar y volver a revisar para asegurarse que lo *compuesto* por los impresores correspondiera a lo escrito por ella? Y entre tanto, ¿detenerse, y detener el caudal de su inspiración?

[13]Entre las figuras que se interesaron en la exégesis de su obra se encuentran Eugenio Florit, Cintio Vitier, Juan J. Remos, José Manuel Carbonell, Enrique Gay Calbó, Félix Lizaso, José Antonio Fernández de Castro, Adrián del Valle, Lorenzo Villalonga, J. M. Ruiz Manen y Rafael Marquina.

espaldarazo inicial que significaba un prólogo de Manuel Márquez Sterling[14], varios sucesos posteriores correspondientes a la biografía de la autora; su carácter inquisitivo y su incapacidad para el disimulo o para sujetarse a las fórmulas de conducta social prescritas para las mujeres de su época, contribuyeron no poco a granjearle las suspicacias o la franca antipatía de muchos. El historiador literario Juan J. Remos,[15] (*Historia de la literatura cubana*, La Habana, 1945 (252-253) con la clara intención de presentarla a una luz favorecida por la comprensión y la simpatía, nos la retrata —o más bien lo hace para sus contemporáneos— con las siguientes palabras:

> poetisa de positivos vuelos y de una individualidad artística tan excepcional como la que la caracteriza en el orden personal, y en la conducta social, es por sus excentricidades y rarezas, de difícil trato; pero es una conversadora ingeniosa y amenísima, y en el fondo es un espíritu claro, al que sólo perturba y obstaculiza para mejores éxitos y comprensión de los demás, su excesivo aislamiento[16], que acaso tenga buenas razones en sus innegables valores estéticos, en su amplia cultura, en su brillante talento y en su vigorosa energía creadora, así como en sus peregrinaciones intelectuales en que ha conquistado enaltecedor reconocimiento; pero que esgrimidas por ella perennemente, le han levantado de modo lamentable un muro para la difusión de su recia personalidad, que yo a fuer de justo, salvo

---

[14]Reputado político, escritor, diplomático y periodista cubano de fecunda trayectoria. El *Diccionario de la literatura cubana* del Instituto de literatura y lingüística da como su fecha de nacimiento el año 1872 en la legación cubana en Lima, Perú. (El gobierno del Perú había reconocido a la República de Cuba en Armas el 13 de agosto de 1869). La propia fuente da como la fecha de su muerte el año 1934 en *Washington D. C.* mientras se desempeñaba como diplomático al servicio de la República de Cuba. El citado *Diccionario* le da total crédito a M. Márquez Sterling por el éxito de las negociaciones que condujeron a la abrogación de la *Enmienda Platt* impuesta a Cuba por los Estados Unidos, y que impedía el ejercicio de su soberanía a la nación cubana. Claro que M. Márquez Sterling murió en la capital norteamericana en 1934, lo que evita a los compiladores del *Diccionario*, el problema de "situarlo" dentro de los parámetros impuestos por el dictum de Fidel Castro en sus *Palabras a los intelectuales*: "dentro de la Revolución todo, contra la Revolución, nada". Siendo otro el caso de Herminio Portell Vilá, nada se dice de éste —ni aún de pasada— respecto al papel jugado por él en dicha contienda jurídica por la total independencia de Cuba. Falta en el *Diccionario* la ficha bio-bibliográfica que debe corresponderle, al igual que sucede con Carlos Márquez Sterling, sobrino de Manuel, cuya propia trayectoria política, diplomática, e historiográfica, de natural relieve, es desconocida por los compiladores mediante igual procedimiento. Ambos autores se hallan entre los muchos cuyos nombres se silencian. (En ciertos casos el *Diccionario* sigue un criterio diferente al de la omisión y se procede a tergiversar la trayectoria humana, política o literaria del fichado. Tal ocurre con las fichas de Juan J. Remos y de Lydia Cabrera, a quienes se acusa simplemente de haber sido *batistianos* o *colaboradores* de Batista. De la colaboración probada de Juan Marinello o Carlos Rafael Rodríguez, este último designado por Batista ministro sin cartera en momentos en que uno y otros podían beneficiarse de esta alianza, lo mismo que de la colaboración de otros intelectuales comunistas que más bien tarde que temprano se sumaron a la Revolución de 1959, y luego al castrismo, nada se dice en sus fichas correspondientes.

[15]Importante hombre político y diplomático cubano, quien fue asimismo historiador de la literatura cubana, y desarrolló a lo largo de su vida una incesante actividad de divulgación cultural. Nació en Santiago de Cuba en el año 1896 y murió en los Estados Unidos en 1969.

[16]Remos habla de "aislamiento" en 1945, fecha de publicación de su *Historia de la literatura cubana*. Sabemos, sin embargo, que la autora venía desarrollando desde hacía años una intensa actividad cultural paralela al desarrollo de su obra escrita ¿A qué forma de "*aislamiento*" entonces, puede referirse Remos? Al parecer, ello viene a decirnos indirectamente, que la Bernal no se ocupa de hacer vida social —cuando acierta a hallarse en el país— más allá de una conferencia, o informe oficial respecto a sus actividades de divulgación cultural fuera de Cuba, sino que se dedica por entero a su arte. ¿Timidez, prevención, resentimiento, sentido de su propio valer, o persistencia del rechazo hacia ella?

para proclamar sus méritos indiscutibles, que honran nuestro parnaso y dignifican la poesía contemporánea[17]

Como se observará, Remos discierne entre aquello que le parece reprensible en la apariencia arisca de la conducta social de la autora, y la calidad intrínseca de su obra e invita al público de lectores y críticos a proceder de manera semejante, poniendo a un lado los reparos que ya entonces *"le han levantado de modo lamentable, un muro para la difusión de [su obra creativa] de méritos indiscutibles, que honran [las letras cubanas] y dignifican la poesía contemporánea"* Si examinamos más en detalle las palabras de Remos encontraremos que ellas indican de modo fehaciente la existencia de ese clima de hostilidad hacia la persona y la obra de Emilia Bernal a que se refiere. Por otra parte, lo apuntado por el crítico respecto a la obra resulta ilustrativo de lo que iba a ocurrir a la larga, respecto a la recepción de la misma. Ésta acabaría imponiéndose por sus méritos estético-literarios en la conciencia de aquellos críticos, historiadores de la literatura y otros estudiosos que, a imagen de Remos, quieren proceder con arreglo a cierta ética del juicio crítico que no les impida llegar a la obra y reconocer en ella misma los valores que de su arte cabría exigir. Dicho esto, habría que reiterar no obstante, que la antipatía o cuando menos la falta de atractivo personal que a primera vista imponía la autora ejerció indirectamente sobre la percepción de su obra —inspiró o provocó, podría decirse, en un número de sus lectores potenciales— un cierto distanciamiento, un cierto desdén inicial. Así pues, a la presencia obsesiva y predominante del *yo* en el conjunto de la obra de la Bernal, factor al que ya antes se ha hecho referencia, corresponde aquí esa otra *presencia* autoral, más *real* si se quiere, por la cual la autora se interpone como un obstáculo entre la obra y sus lectores, con los resultados catastróficos ya apuntados por Remos, y en contra de las que debían ser las más caras aspiraciones de doña Emilia. ¿Cuáles venían a ser las causas de este rechazo, apenas delineado con delicadeza por Remos, que se limita a presentar a la autora a la luz que considera más favorable[18] para incitar de este modo las simpatías del lector o del crítico reacio, invitándolos a posponer sus reparos y suspicacias respecto de la autora en beneficio de la obra misma? Naturalmente que el ensimismamiento de la autora, su temperamento o una manera de conducirse tenida por huraña tuvieron mucho que ver con la percepción general, pero asimismo, y para complicar las cosas existían —o ya para la fecha en que escribe Remos podría decirse que existieron— otras causas más concretas que el crítico e historiador literario no nos deja saber, las cuales completarían nuestra comprensión del rechazo hacia la persona de doña Emilia Bernal y harían más comprensible asimismo su actitud huraña en respuesta a aquel rechazo. Entre tales

---

[17] Obsérvese que el crítico distingue perentoriamente entre el significado que la poesía de Emilia Bernal tiene, según su punto de vista, para las letras cubanas en particular, a las cuales "honra", y el lugar que a ésta le corresponde dentro del marco de referencias más amplio de "la poesía contemporánea", a la cual su contribución "dignifica". Los verbos empleados por el crítico no pueden ser tomados con ligereza, teniendo en cuenta las reservas que esa misma obra —a causa de la persona de la autora— ha suscitado hasta entonces entre algunos de los compatriotas de ésta.

[18] Naturalmente no le vendría a cuento referirse en el contexto de su labor crítica a pormenores de la vida de la autora, los cuales, por otra parte, le parece al crítico que deben permanecer ajenos a la obra que se juzga. No lo dice él de esta manera, sin embargo, sino que apela más bien a *la tolerancia* a que se obligan las almas *justas*. Resulta obvio, sin embargo, que detrás de sus palabras existe un trasfondo de reprobación, —palpable— al que se refiere Remos, y cuyo verdadero alcance no podemos conocer hoy. La estrategia del crítico parece consistir en enfrentarse a la negación de la obra mediante un procedimiento de *magia simpática*, es decir, buscando en el mimetismo de su actitud la resolución (el cambio favorable) del problema. Mediante un rodeo que simula ser lo contrario, minimiza el problema real del "muro" que la autora ha de haber levantado en torno a ella, y negando su eficacia "a fuer de ser justo" invita a los otros —cuya existencia así se reconoce, a la vez que se niega la eficacia o *justeza* de su actitud frente a la obra— a contemplarla y admirarla con mirada objetiva.

causas, se hallaría el suceso escandaloso y de graves consecuencias en su época, que constituía la separación matrimonial de la autora, (hecho éste ocurrido en una época en que el divorcio en Cuba apenas acababa de convertirse en un derecho garantizado por la ley[19], y cuando la sociedad en general aún lo reprobaba como un vicio bochornoso), y las repercusiones de toda índole que en la vida de la autora tuvieron tales hechos. Es decir, que la mala imagen que afecta a la persona frente a su medio social, resulta de hechos muy concretos, y asimismo unos y otra tendrán consecuencias igualmente concretas y perniciosas tanto para la aceptación y mejor estimación de la persona de la autora, como de su obra. Asediada, precisamente, por los efectos inmediatos del divorcio, y la imagen que de la mujer crea este hecho; hallándose de pronto apartada de su profesión, y dejada poco menos que sin recursos para sostenerse y sostener a sus hijos pequeños, en el otoño de 1919 la autora se ve forzada a emprender una especie de destierro en los Estados Unidos, que nunca cesará del todo y se convierte en itinerancia europea y pan-americana que dura muchos años. Si el carácter de la mujer se endureció desde muy temprano en la infancia, como resultado de un número de experiencias de naturaleza brutal, o si adoptó como estrategia de salvaguarda una apariencia hostil, esta propensión o ficción de su hurañez llevada como un erizo no sólo la perjudicaba en sus relaciones sociales[20], sino que, llegado el momento del divorcio debe haber venido a confirmar las peores suspicacias respecto a la persona. Por eso escribirá ella respecto a ese momento, y a modo de resumen:

>Del hogar, perseguida... De mi defensor, engañada... De mi profesión, escarnecida... (...) ¿Mis compañeras?... ¡Mis [peores] jueces! Por no hacerme daño, me llamaban con desprecio: ¡histérica...!
>¡*Yo* no le pedía protección a nadie! ¡*Yo* todo lo confiaba a mi esfuerzo y [a] la justicia! Pero no hubo empeño que tuviera, ni actividad que desarrollara, a la cual no siguiese el fracaso inmediato

Tal, es el panorama de desolación e injusticia que confronta la autora, y ante el cual la única opción que avizora es la de poner tierra y agua de por medio. Este distanciamiento físico a que se obliga —o al que es obligada mediante la hostilidad y el rechazo— quizás hayan tenido a la larga un papel positivo en la maduración de su personalidad y de su obra, pero si ésta se impone al fin con criterio de valor, se deberá por una parte a los cambios sociales que van teniendo lugar paulatinamente en la sociedad cubana (entre los que habría que mencionar la

---

[19] La ingente labor de las mujeres cubanas consigue que se apruebe en Cuba la ley que garantiza el derecho al divorcio, en el año 1918.
[20] La autora era plenamente consciente de la naturaleza obtusa de su carácter, el cual, según explica se amargó temprano. Al respecto, declara elocuentemente en algún momento de su autobiografía, refiriéndose a su padre: "*aquel hombre único por quien [yo] sentía la devoción que no he sentido por nadie más en la vida, era el ludibrio de la gente porque, debido a su sordera, hablaba tartamudo y raro; porque su voz no sonaba armónica, sino enferma, trémula, tartajeante. Yo era su lazarillo, y aquellas risas de los muchachos traviesos de la calle, de las mujeres ventaneras, de los corrillos de hombres populares que ambulaban por las plazas, y con los que nos encontrábamos al paso cuando salíamos, me hicieron desde la más tierna infancia rebelde a la gente; enemiga de la sociedad, y me enfermaron el espíritu. Mi padre desdeñaba la burla cotidiana, pero a mí —pequeña en demasía— me torturó como no es posible expresar con meras palabras*". Haciéndose eco igualmente de aquellos rasgos del carácter de la autora, pero compadeciéndose de ello, su coterráneo, el poeta Felipe Pichardo Moya le dedicó un poema titulado «*Ruego*» en el que se dice: "¡Dame, Señor, la paz para la vida mía! / ¡Dale una tregua a mi soñar! / Hazme ser insensible, sin dolor ni alegría / Ni la tortura de pensar" (Para una lectura total del poema, véase el Apéndice 1).

conquista de los derechos sociales y políticos de la mujer[21]), y aún más decisivamente a la persistencia de la autora, y a la calidad intrínseca de la obra hecha. ¿Cómo es entonces que, luego de hacer frente a la incomprensión y a la hostilidad del medio social de la época en que se desarrollaba, y tras imponerse por su genio y capacidad creativos, acaban la obra y la persona de Emilia Bernal en esa especie de *limbo literario* en que se las sitúa hoy día? Los factores a considerar son varios, o de variada índole, y habría aquí que delinear los principales de ellos. Que la obra cuente con la aprobación y estima de críticos prestigiosos no siempre significa que la misma haya entrado a formar parte del gusto o la preferencia popular, o a enraizar en lo que se ha llamado *memoria colectiva*,[22] fenómeno que, por otra parte, no alcanza sino a ciertas obras. Un número de razones podría explicar las causas de este abismo que pudiera mediar entre la recepción de la obra por parte de la crítica especializada, y la impopularidad o indiferencia suscitada por esa misma obra entre vastos sectores del público lector. A continuación, se examinará algunas de ellas en el caso específico de la Bernal. La inexistencia de una sólida y

---

[21] Otra de las conquistas de la mujer cubana en esta época es el derecho al sufragio universal, que sanciona jurídicamente su derecho a elegir y ser elegida a cargos públicos y políticos. Sin embargo, este derecho fundamental no se conseguiría sino hasta el 4 de enero de 1934, mediante un decreto-ley firmado por el presidente Ramón Grau San Martín. De ahí que se relacione siempre la gestión de Grau en este sentido con la frase que se le atribuye: "las mujeres mandan".

[22] (Para cualquier referencia, o para una definición del concepto de "inconsciente colectivo" ver Karl. G. Jung, en particular *El hombre y sus símbolos*). Avanzamos aquí algunos presupuestos relacionados con este concepto, de aplicación al contexto de la obra de Emilia Bernal. Parecería condición a priori para que una obra literaria o artística cualquiera pase a formar parte del inconsciente o "memoria" colectivos, que en la misma se hagan presentes una serie de factores. Entre estos, se contaría de manera destacada *el significado* que para la conciencia colectiva de un momento dado, o de una sensibilidad colectiva determinada posea la misma. En el caso de algunas obras que pudiéramos considerar hoy parte de ese inconsciente colectivo del cubano, se le ocurre al editor pensar en lo que sucede con *Cecilia Valdés* de Cirilo Villaverde, luego re-encarnada en la inmortal zarzuela de Gonzalo Roig de igual nombre, y no menos que en aquélla, piensa en lo que ocurre con la obra poética de José Ángel Buesa, la cual, a pesar del desdén manifiesto de muchos de sus colegas literatos, los reparos de toda índole de algunos críticos y la proscripción de su obra a partir de 1959, sigue existiendo como referente entre las nuevas generaciones de lectores, al punto de que nada menos que el periódico *Juventud Rebelde*, se viera obligado a referirse a este hecho en un artículo del año 1997 «Buesa, con trémulas manos» de los periodistas Ibis Rosquete Pulido y Jorge A. Ebro, en el cual se analiza el afán de muchos jóvenes de acceder a esta poética y reincidir en ella, sobre todo —y siempre según los articulistas— muchas jovencitas que se pasan de mano en mano viejas ediciones, o copias manuscritas por ellas de los poemas del viejo bardo, muchas veces robados de ciertas bibliotecas donde los libros permanecían —lo que no dicen los articulistas— oficial y convenientemente relegados y sepultados bajo una espesa capa de polvo y de olvido. A tenor con este interés que muestran sus lectores dentro de Cuba, después de la muerte en el exilio del poeta, alguna editorial del régimen ha editado la antología *Pasarás por mi vida*, con el nombre de uno de los poemas más conocidos de Buesa, (*Pasarás por mi vida : antología poética* / José Ángel Buesa ; selección y prólogo, Juan Nicolás Padrón. La Habana, Cuba: Editorial Letras Cubanas, 1997), y el crítico Jorge Sariol, también desde La Habana le dedicó una página cuya lectura resulta de interés, en la revista cibernética *La Jiribilla* «*Cuando de malas piedras se llena el camino de la redención*», en el que apunta en la conclusión, y como de pasada: "Cierta crítica posmoderna se daría a los despojos de unos versos ripiosos y banales como una jauría de nuevos versadores de torres de marfil, pero lo cierto es que José Ángel Buesa acompañó a varias generaciones que se encontraron en su lirismo amoroso y Cintio Vitier lo incluy[ó] en su antología, *Cincuenta años de poesía cubana: 1902-1952*. Cubano nacido en 1910, en [el] poblado de Cruces, en la región central de [nuestra] isla, y muerto a los 72 años en República Dominicana, Buesa pudo haberse ido de este mundo con la buenaventura de muchísimos lectores y las anatemas de sus detractores aferradas en un mismo haz. (…) para más, haberse ido de Cuba, cuando la Revolución cubana [de 1959] se hacía al camino, añadió más leña al fuego. Pero amarse no tiene límites. Y la aceptación de un verso para adorar o sufrir no tiene que ver con antologías ni silencios editoriales. Y José Ángel Buesa, que no compuso boleros ni baladas, encontró su resonancia. Su poesía ha servido de testigo a más de uno".

amplia base editorial en Cuba[23] durante la época que coincide con el período creativo de la autora entorpece por una parte la publicación de la obra, y por la otra dificulta en grado sumo su difusión. La revista y el periódico, más que el libro, constituyen por excelencia el medio impreso favorecido entonces. En tales medios buscan darse a conocer nuestros autores, y sin dudas dichos medios favorecen la divulgación de sus producciones, pero al mismo tiempo, la literatura periódica está afligida de una caducidad que es proporcional a su accesibilidad e inmediatez. La penuria financiera que agravia a una gran mayoría de nuestros autores los obliga a inclinarse por la publicación en los medios periodísticos, y limita su acceso al libro como vía principal y medio expresivo por antonomasia de su literatura. Este aspecto fundamental de la producción literaria mediante el cual la obra de un autor llega o no llega al público de lectores, pesa considerablemente, y en sentido negativo, sobre el quehacer artístico de una mayoría de artistas cubanos de la época republicana[24]. En este sentido, resulta ilustrativa la «Explicación» que la autora antepone a su autobiografía, y que se refiriere al momento específico de su auto-destierro. Mediante este texto, Bernal nos deja saber por las claras que se aleja de su país por carecer de medios y aún de posibilidades de sobrevivir ejerciendo su profesión de maestra, y observa asimismo que en su situación presente en los Estados Unidos no se halla en condiciones de pagar por una traducción del texto de su autobiografía al inglés, la cual se le requiere a fin de publicarla. De hecho, la posibilidad de materializar este deseo de ver publicado el fruto de su trabajo no se cumple, sino varios años después —y no sin algunas privaciones que se impone la autora para conseguirlo—. Es de suponer que, aún si la situación financiera de la Bernal mejoró con posterioridad como para permitirle sufragar el costo de edición de sus libros, la mejoría de su situación no supuso tal abundancia como para permitirle sufragar interminablemente la re-impresión de sus obras, a la vez que la edición de las nuevas, y la distribución de unas y otras. La función diplomática en representación de su país como embajadora cultural, desempeñada a partir de algún momento por Emilia Bernal —como ocurriera y sigue ocurriendo con muchos de nuestros *escritores-diplomáticos*— le permitiría asegurar el sustento y cierta independencia personal, así como viajar con bastante frecuencia y conocer diferentes países. (No es casual que la edición de sus libros *coincida* muchas veces con la presencia de la autora, o su reciente visita, a uno u otro país). En consecuencia, a las obras de la Bernal sólo corresponde por lo general,

---

[23]La inexistencia en Cuba de esta base editorial y de una red distribuidora correspondiente, hecho por otra parte común a muchos países, planteaba un serio impedimento para los autores noveles y aquellos que contaban con pocos recursos para costearse la publicación de sus obras. Sin embargo, no habría que confundir la inexistencia de esta red editorial con la inexistencia de imprentas y editoriales en las que se publicaban intermitentemente muchos de aquellos títulos que con el tiempo pasaron a componer un repositorio de nuestra tradición cultural. Por otra parte, muchos autores publicaban su obra fuera de Cuba, en México, España o Argentina, o como es el caso de Emilia Bernal, en España, Chile, Costa Rica y otros países, además de la propia Cuba, sin que ello se considerara un delito, como sería luego el caso de Reinaldo Arenas y de tantos otros bajo el régimen actual. Sin caer en idealizaciones de una situación que podía llegar a ser precaria para nuestros autores republicanos, habría que decir por otra parte, que tal era el precio pagado por ellos en razón de su albedrío, pues al no hallarse los medios de impresión en manos del Estado, sino en la de individuos o empresas particulares, los autores no debían responder a parámetros ideológicos o políticos como luego sucedió. Si tal y como ocurrió con la Bernal, la autora se enfrentó al rechazo y al ostracismo social, ello no significó la prohibición de publicar en el propio país, o de hacer llegar a él su obra publicada fuera.

[24]Matías Montes Huidobro, reconocido dramaturgo, narrador, poeta, ensayista, antólogo y editor cubano estudia con detalle y gran sensibilidad y sentido común este asunto, como parte de su libro *El teatro cubano durante la república (Cuba detrás del telón)* / 2004, «Society of Spanish and Spanish-American Studies», *University of Colorado at Boulder*.

ediciones únicas, (excepción hecha de su autobiografía —hecho éste significativo[25] en otro sentido— cuya re-impresión tiene lugar en 1931, seis años después de aparecida la edición príncipe, también en Madrid), lo cual hace apenas accesible su obra a lectores potenciales. Por otra parte, esa misma itinerancia antes apuntada, que conforma el proceso creativo de la Bernal, y sin dudas tiene aspectos muy positivos en tanto que favorecedor de la maduración y ensanchamiento de alcances de su obra en general, plantea un elemento de signo opuesto, el de la dispersión implícita en la falta de un centro en el que converjan los diferentes radios de la creación. A veces, y sin que aparentemente se den cuenta de ello, los mismos críticos de origen cubano al comentar la obra de esta compatriota lo hacen como si se tratara de la producción de una extranjera[26]. Distante la autora en lo geográfico, distanciada en lo personal, o vista como a distancia, la obra de Emilia Bernal es en más de un sentido, la de una *apátrida*, lo cual no quiere decir para nada que ella no se sintiera cubana, y además lo fuera con vehemencia. Su autobiografía de la niñez viene a decírnoslo, con énfasis parejo al sentimiento de desasimiento que la invade en el momento mismo en que —alejada de Cuba— se impone escribirla como para recobrar no sólo la memoria, la infancia, y la inocencia perdida, sino también el país. Este sentimiento de abandono al que seguramente los años fueron arrebatándole aristas con la presencia cada vez más activa y aceptada de la Bernal en la vida pública y cultural cubana, se re-edita inesperadamente sin embargo, con la salida de Cuba de la autora, muy temprano en los años sesenta, para establecerse con carácter que será ya definitivo, en la capital norteamericana[27]. Respecto a su obra y a la divulgación y conocimiento de la misma, este último factor de nuevo alejamiento de Cuba, tanto en lo físico y geográfico como en lo político —sobre todo respecto a lo último— determinarán un silenciamiento impuesto desde el poder y los nuevos centros de la cultura oficial, cuya eficacia radica por una parte en el silenciamiento de la obra, y por la otra, en la promoción de autores nacionales e internacionales a quienes se exige menos calidad literaria que alineamiento político-ideológico. Así pues, la obra de Emilia Bernal resulta sepultada junto a la de muchísimos otros autores que constituyen parte esencial de la cultura cubana, en beneficio de muchos otros que, con méritos literarios o sin ellos, se alzan como monumentos a la cultura oficial, la cual preconiza desde sus comienzos la intolerancia dogmática, que expresan lemas como *"dentro de la Revolución todo, contra la Revolución nada"* o *"la universidad es sólo para los revolucionarios"*[28]. El resto, es historia, incluso historia vieja, y ni siquiera original. Se

---

[25] Se trata de la única de sus obras que cuenta con una re-edición, seguramente costeada igualmente por la autora, como en el caso de la primera. ¿Qué pudo llevarla a proceder de este modo, singularizando así sus memorias de la niñez por sobre el resto de su producción?

[26] No hay más que ver el tono de las palabras del propio Remos, por otra parte un crítico tan afín y *justo* con su obra, en las que parece contemplarla a distancia. Una distancia que no sólo es crítica, como corresponde, sino que parece ser incluso *geográfica*.

[27] Aunque su nombre aparece registrado en el *Diccionario de la literatura cubana* ya antes mencionado, en virtud sin dudas de que "permaneció gran parte de su vida fuera de Cuba" (114), es decir, su nuevo alejamiento puede darse por un simple *volver a las andadas*, un hecho *no político* necesariamente, (aún cuando quienes se marchaban del país por esas fechas lo hacían por las mismas razones que durante la niñez de la autora su familia se había marchado al exilio en la República Dominicana), la totalidad de su obra fue ignorada y silenciada a partir de entonces en todos los medios de difusión, absolutamente controlados por el nuevo Estado. Y aún cuando, una industria editorial como no había existido nunca antes en Cuba fue creada y sustentada oficialmente, nunca se ha impreso o re-editado una obra suya. No habría que añadir que tampoco se estudia o ha estudiado la misma en las clases de literatura a ningún nivel de enseñanza.

[28] Desde el año 1959, aunque errática o no bien diseñada en sus comienzos, la política oficial del régimen y del estado cubano se encaminó a radicalizar la escisión política también entre los intelectuales, es decir, a exigir "definiciones" y "actos" concretos de los mismos. Aunque no se trataba, como luego ha podido comprobarse a lo largo del decursar del régimen de Castro, de una simple ruptura "generacional", (de lo cual se pretendió o ha

comienza por un *desconocimiento* que es oficial e ideológico, y éste conduce con el tiempo y el modelo de instrucción obligatorio[29] y único impuesto al país, a la ignorancia de las nuevas generaciones de lectores y de críticos[30]. Pero algo tan grave como lo anterior sucede igualmente fuera de Cuba, aunque tales coordenadas no resulten como allí sucede, de la imposición con violencia desde el poder absoluto. Haciéndose cómplices de la política editorial de Castro, muchos especialistas, antólogos de viejo o nuevo cuño, e historiadores de la literatura hispanoamericana, prescinden en general, sin hacer ascos de ninguna índole, de mencionar o hacer referencias a aquellos nombres que, como el de Emilia Bernal han sido borrados

---

pretendido persuadirse a veces a ciertos sectores del público, con miras al exterior), sino de un designio extremadamente político orientado desde el poder, el cisma comenzó a definirse por un ajuste de cuenta entre *la Revolución* (siempre con inicial mayúscula) y el período de la primera y segunda repúblicas, descartado y negado en un solo bloque, y sin matices distintivos, por las autoridades *revolucionarias,* bajo el apelativo de *seudo-república* o *república mediatizada.* Aquellos intelectuales de renombre que tomaron *las de Villadiego,* tales como Lino Novás Calvo, Gastón Baquero, Jorge Mañach, Herminio Portell Vilá o Lydia Cabrera —para sólo mencionar a cinco figuras representativas de campos diferentes de la labor intelectual— fueron inmediatamente borrados del santoral revolucionario. Otros como Agustín Acosta, poeta laureado que permaneció en Cuba hasta 1973 o Dulce María Loynaz (Premio Cervantes de 1992) quien murió en Cuba en el año 1997 sufrieron igual suerte, a pesar de haber permanecido en el país. Respecto a esta autora cabe señalarse aquí, el apuro en que se vieron las autoridades cubanas (de cara al exterior) cuando de repente en España se le otorgó a esta anciana —una verdadera desconocida en Cuba— el prestigioso «Premio Cervantes» por el conjunto de su larga y rica obra. La lista de los que, habiendo permanecido en Cuba, enfrentaron sin embargo, bien la hostilidad y la indiferencia, bien la tibieza de las editoriales, podría ser extensa en extremo. Tal actitud oficial llegó a afectar incluso a intelectuales adeptos o presuntamente adeptos, pero los cuales eran mirados con suspicacia por el régimen. Ha sido política consecuente de *la Revolución* castrista, descontar y tergiversar todo lo que tenga que ver con la historia de la Cuba republicana. Así pues, borrar los nombres, empequeñecer la obra o envilecer la conducta de aquellos intelectuales a quienes se identifica con la *república mediatizada,* particularmente si marcharon al exilio, es sólo parte de una estrategia y de una conducta sostenidas, y mejoradas sobre la marcha.

[29]El sistema educativo cubano, presentado invariablemente por sus adeptos y aún por algunos detractores cándidos del régimen como *el mejor del mundo* —aunque en esto al igual que respecto al sistema de salud pública son emulados por las autoridades francesas, que se precian de lo mismo, a pesar de enormes desastres en uno y otro campo— responde de manera rígida (y vertical) a los intereses del estado. El estado cubano no sólo monopoliza lo concerniente a la instrucción pública, incluidos absolutamente todos los medios de información o de divulgación, sino que se arroga este derecho a monopolizarla, según lo expresado en la propia *Constitución Socialista* impuesta a los cubanos por el régimen. Si alguien duda, por otra parte, de que la *Constitución* ha sido y es impuesta a los cubanos contra su voluntad, lo remitimos a informarse acerca del *Proyecto (de enmienda constitucional) Varela,* que a tenor con uno de los acápites del citado documento fuera solicitado por miles de cubanos y a los que respondió el propio Castro con una *enmienda* de su puño y letra, que abolía aquel estatuto en el que se contemplaba la posibilidad de solicitar cualquier cambio en lo futuro.

[30] El número de enero-marzo de 1981 de la revista *Escandalar,* hoy extinta, que entonces se publicaba en la ciudad de Nueva York, y en particular el extenso y abarcador estudio del poeta y ensayista Octavio Armand titulado «¿Borrón y cuenta nueva?» (81) aborda esta cuestión de manera objetiva y convincente, a través de una polémica sostenida con los críticos Ángel Rama y Julio Ortega. No obstante, el asunto que motiva las protestas de Armand sigue sin haber sido resuelto y su planteo continúa evadiéndose. No debe extrañar que *estudiosos* de la literatura cubana como Seymour Menton continúen empecinados en abrazar una creencia que siempre tuvo una base ideológica e interesada. En *Prose Fiction of the Cuban Revolution* ((preface, xv) University of Texas Press, 1975) Menton afirma que "el número creciente de novelas y cuentos escritos por cubanos exiliados (…) [también] merece consideración, [en este libro] a pesar de la pobreza general que caracteriza esta producción *(sic)*". Mediante el recurso de referirse a esta literatura como "escrita por cubanos exiliados" el crítico no sólo "identifica" a un grupo en cuestión, sino que ignora que entre esos exiliados había desde los primeros tiempos escritores de renombre tales como Lino Novás Calvo, Carlos Montenegro, Lydia Cabrera y Gastón Baquero, que se mantenían en activo, y para la fecha de esta edición de su libro, ya habían llegado al exilio Matías Montes Huidobro, Hilda Perera, Cabrera Infante, Severo Sarduy, Eduardo Manet, Nivaria Tejera, José Mario, Ana María Simo, Carlos Alberto Montaner, o habían muerto en él, como el joven y talentoso Calvert Casey, quien se suicidó en su exilio romano.

convenientemente, en particular para las nuevas generaciones de lectores y estudiosos cubanos[31].

Dicho lo anterior, no habría que demostrar aquí la pertinencia y la necesidad de re-editar esta autobiografía en particular, lo mismo que el resto de la obra de esta autora de tan amplia y variada producción, pero sirve lo dicho para completar asimismo, un periplo que siendo el de la obra y la persona de Emilia Bernal Agüero, comienza con una hostilidad generalizada hacia la persona de la autora y, por extensión hacia su obra; pasa por la aceptación y el reconocimiento de la crítica especializada, y acaba —justamente cuando parecía que se abrieran nuevas y más promisorias perspectivas para la valoración del conjunto— en la negación y el olvido determinados e impuestos desde posiciones que son ajenas a la literatura, y corresponden a las esferas de la ideología, y a las componendas políticas.

La trayectoria vital y creadora de Emilia Bernal Agüero podría, en resumen, ser comparada por su forma, por la posición que ocupa —o a la que ha sido condenada—, y no menos por su capacidad de flotación y resistencia al desgaste, con un *iceberg*, del cual alcanzamos a distinguir apenas aquella parte que sobresale de entre las aguas que, encrespadas y oscuras, la rodean e intentan sumergirla del todo. Si algún reparo puede hacerse a esta imagen en correspondencia con la obra que representa, es sólo en razón de la frialdad y de la blancura inmaculada que caracteriza a un témpano de hielo, pues la obra de Emilia Bernal está reñida ante todo con la frialdad, y con la blancura.

Como poeta —aunque obviamente éste no sea el aspecto de su producción que aquí nos ocupa principalmente— alcanza la Bernal momentos de gran altura, comparables a los mejores aciertos de Delmira Agustini (1886 - 1914), Gabriela Mistral (1889 - 1957), Alfonsina Storni (1892 - 1938), Dulce María Loynaz (1903 – 1997) y Julia de Burgos (1914 - 1953), para sólo mencionar algunos de los nombres de primera línea de la poesía escrita por mujeres hispanoamericanas que fueron, por más o menos años, sus contemporáneas. Al azar, considérese el poema "Ternerita negra" que corresponde al libro *Los nuevos motivos*, del año 1925, y compárese el tono y ejecución del mismo con algunos de Gabriela Mistral.

> Yo iba —ternerita—, por campo de armiño.
> Ternerita negra más blanca que un niño,
> toda acurrucada, con piel de negrura
> ¡Nieve y sol de senda! Con esa blancura

---

[31]Resulta obvio que la teoría leninista —o la fascista para el caso, aplicada rigurosamente por Hitler— de controlar absolutamente todos los medios de información, instrucción, propaganda, etc. como parte esencial del control y *formación* del individuo y de la sociedad, coadyuvada por la teoría de una *vanguardia organizada capaz de imponer a las masas un modelo nuevo* de educación se cumple en Cuba cabalmente y a la luz del día, como se cumplía otrora en los llamados países socialistas. Luego de apoderarse de todas las imprentas y editoriales del país, y de clausurar los periódicos independientes, y más tarde adquiriendo maquinaria moderna en Alemania gracias a la *desinteresada ayuda* de *los hermanos soviéticos*, Castro armó un tinglado insuperable del cual formaron parte desde los comienzos instituciones y editoriales como la Casa de las Américas. Medio al alcance de muchos escritores del continente, siempre que estos se manifiestaran adherentes a *la Revolución*, este organismo constituye otro de los mecanismos de chantaje y propaganda del castrismo, así como de control y extorsión sobre los intelectuales cubanos que permanezcan en el país. Respondiendo al decir de Castro: "Dentro de la Revolución todo (todos los medios y las facilidades para escribir, publicar, viajar, obtener prebendas); fuera de la Revolución, nada" (ni la más mínima posibilidad, excepto la de ser castigado, encarcelado y públicamente humillados como ocurrió con Padilla, Arrufat, Reinaldo Arenas, Belkis Cuza Malé, María Elena Cruz Varela, Tania Díaz Castro, y tantos otros), la Casa de las Américas, la Unión de Escritores y Artistas de Cuba y tantas otras instituciones, proclaman una política de puertas *abiertas* que se cumple parcialmente bajo la atenta vigilancia de los comisarios políticos, de un amo de llaves ubicuo y *revolucionario*, como Fernández Retamar. ¡Todo, o nada! Una verdadera entrega en cuerpo y alma a la causa que presupone la adherencia al dogma y la renuncia a pensar críticamente y con independencia.

confraternizaba mi espíritu niño.

Yo iba —ternerita de paso trotero—,
ramoneando a un lado y otro del sendero,
rumiando alegrías balido a balido.
Bajo mis paticas crujía el pulido,
incontaminado vidrio del sendero.
Yo iba —ternerita— cuando resbalé,
Me rompí una pata, y al suelo me eché.

Como sonetista es verdaderamente incomparable la Bernal en virtud del don poético y de la destreza técnica de que da muestras. Un ejemplo cualquiera pone de manifiesto tales dotes:

Fue mi almohada esta noche, y al quedarme dormida
Sobre sus senos blandos, azules y convexos,
el mar, el zarco mar, amansador de vida,
—el mar, el viejo mar perturbador de sexos—

me dijo voluptuoso, con voz jamás oída:
—¿Quisieras tú saber porqué mi almohada es buena,
porqué da unos dulzores que sanan toda herida,
porqué da una embriaguez que cura toda pena?

—¡Señorita sensitiva, dame la mano pálida!
Manojo de sargazos, sirena a ser crisálida
por ruta helada o cálida, échate a andar conmigo

Échate a andar conmigo... Conmigo... Y te prometo
que si vas hasta el fondo... Hasta el fondo, conmigo
te diré mi secreto. ¡Te diré mi secreto!
(«El secreto del mar» / *Los nuevos motivos*)

Los ejemplos no escasean:

Madre, de tu regazo a mi regazo
ni un solo punto existe que esté hueco
¡Qué bien estoy en él cuando en él peco
y qué bien cuando en gracia me solazo!

De ti a mí, qué corto es el abrazo,
madre, que huye de la vida el seco
y duro trajinar. ¡Qué blando el eco
de mi voz, si se añuda en este lazo!

Madre, te llamo, porque a ti reclina
mi mente atormentada la cintura
y de cuitada se transforma en fina

y ágil muchachuela, que se halaga
de ti, y te ama, y en tu vaso apura

el jugo escaso en que la sed apaga.
(«*Madre*» / *América*)

No sería necesario, sin embargo, ni pertinente en el contexto de este trabajo extenderse mucho más en cuánto a las características y excelencias de esta poesía. Para cerrar este aparte, baste con señalar las posibles fuentes de que procedería la misma. No se inclina a pensar este editor que el estro poético sea cosa atribuible a la genética, pero sin dudas que la convivencia de la autora en el medio familiar con una madre y varias tías reputadas cultivadoras del verso orientó muy temprano las sensibilidades de Emilia y la preparó para las exaltaciones poéticas, al menos al abonarle el suelo de la creación mediante el estímulo y la incitación a la emulación o imitación de sus mayores. Hallamos, por tanto, a lo largo de toda la obra de la Bernal un aliento lírico genuino que procede tanto de la inspiración como del afán de mejoramiento, y que corresponde no sólo a su obra en verso, sino igualmente a su obra en prosa, de la cual es buen ejemplo su autobiografía. Al referirse a ésta, el ya citado Juan J. Remos la juzga poseedora de "una efusión lírica intensísima". Y en efecto, de eso se trata, de un diario lírico-épico. Que la autora es más que consciente de este impulso resalta del nombre que da a su obra: *El romance de cuando yo era niña*.

Compuestas las memorias por viñetas breves y concisas, a manera de episodios que retratan momentos capitales de la infancia de su autora, la impresión última es la de un diario que se hubiera llevado de memoria, y que, conservado allí por ella necesita de explayarse y de plasmarse en un determinado momento, lo que viene a dotarlo de una cierta esquiva fijeza[32].

Con pulso ligero y trazos rápidos Emilia Bernal Agüero va plasmando en las páginas de su autobiografía el acontecer de sus primeros años de vida. Llámalas, en correspondencia más que adecuada a sus propósitos: *El romance de cuando yo era niña*. Este nombre, un subtítulo aparente que viene a completar el título principal, o simplemente primero y más efectista, de la obra, *Layka Froyka*, se trata en realidad del nombre verdadero que corresponde a la misma, en razón de ser a la vez que abarcador, el que mejor define y da sentido cabal al contenido de la obra. El contraste entre ambos títulos, que deben ser igualmente complementarios, consiste en emplear las palabras *Layka Froyka*, (las cuales según parece haber declarado alguna vez la autora nada significaban[33], y que evocan otros títulos vanguardistas como *Trilce* de César Vallejo o *Altazor*[34] de Vicente Huidobro) de significado enigmático o arcano, a la par de la frase transparente, y diáfana de significado, que constituye su correlato. Dicho esto, sin embargo, no hay que dejar de apuntar a ciertas coordenadas que si bien menos obvias parecen bosquejarse. Entre tanteos de diferente signo, intentamos aquí dar con la posible fórmula de esa piedra filosofal a que parecería aspirar la autora. La palabra *Layka*, que en ruso indicaría el nombre de una especie de perro de tiro para el trineo, podría corresponderse incluso de modo subconsciente al capítulo introductorio o "explicación" que la memorialista antepone a la biografía propiamente dicha. En esta introducción comienza por referirse a sí misma, y a la situación de hostilidad y

---

[32]"Las palabras vuelan; lo escrito, permanece" reza la sentencia latina. A esta advertencia se acoge posiblemente la autora, sin embargo, persiste a veces un tono oral en este recuento de la infancia, como si fijar los hechos y las memorias los anclara a un espacio definitivo, pero al hacerlo también les restara magia, albedrío propio, posibilidades. Acaso también se trasluzca en estas páginas de la autora la conciencia de saber que al plasmarlos en el papel los hechos dejan de pertenecerle en exclusiva.
[33]Respuesta de don Emilio Bernal Labrada, nieto de la autora, a la consulta del editor.
[34]*Alto azor*, según se ha creído. Naturalmente, aunque se alude a una intencionalidad, o a un mero producto *vanguardista*, actitud y estilo a los que nuestra autora no siempre fue ajena, no se sugiere que se trate de un libro vanguardista.

rechazo encontrados por ella —muy frescos aún en el momento de escribir— como a "un perro apaleado por todos". Este capítulo que, un tanto paradójicamente sirve de presentación y de pórtico a la obra, cubre a trancos largos la etapa que no se memorializa propiamente, pero la cual, en este momento constituye el colofón natural de las memorias.

Plagadas de erratas como están ambas ediciones de la biografía —incluso errores gruesos y evidentes no atribuibles en principio a la autora— podría suponerse la posibilidad de que la «F» de Froyka hubiera resultado de una errata semejante a las otras, cuando debiera haberse tratado de una «T», la de *Troika*, que también en ruso significa, entre otras cosas, *trineo*. ¿*Layka Troyka*[35]? La autora tiene al menos dos poemas en libros diferentes, que evocan la estepa rusa, el primero tiene como motivo central un caballo, y el segundo, podría tratarse de la versión al español de un poema del poeta ruso Constantin Valmont, los cuales podrían ser los hermanos espirituales[36] de este título aparentemente caprichoso de su biografía. Aunque se trate por el momento de una mera especulación, no ha querido el editor dejarla fuera en este estudio que sirve de presentación a la re-edición largamente postergada de la obra. De igual modo en que se ha especulado en torno al significado de *Trilce*, por ejemplo, como posible composición de las palabras *triste* y *dulce*, para sólo mencionar un ejemplo, habría que reparar en los posibles significados, y aún accidentes de las palabras *Layka y Froyka* como título de una biografía de Emilia Bernal, quien da al resto de su producción nombres con asideros más a tono con su significado, y accesibles al lector. Por otra parte, se trate o no de una incursión de la autora en los dominios del disparate mediante la figuración vanguardista, o de un acercamiento del mismo orden a dos palabras rusas, lo obvio es que así como el aparente subtítulo dado por la frase *el romance de cuando yo era niña* corresponde en propiedad al contenido de las diferentes viñetas, *Layka Froyka* corresponde como título a ese colofón —corolario del presente de 1919 en que escribe la autora— ya antes señalado, que se antepone al recuento de la infancia. A manera de *dos historias* que se yuxtaponen y complementan en el tiempo y el espacio de la autora-narradora: la niñez del adulto que evoca aquélla (hoy y ayer); y los espacios correspondientes: los Estados Unidos del presente, y la Cuba del pasado, tal se superponen los títulos *Layka Froyka* y *el romance de cuando yo era niña*. Si las memorias constituyen un saldo y un balance que pone fin o cierre a un momento en la vida de la autora, también resultan, mediante el recurso de la *«Explicación»*, un hito que indica las nuevas pautas de su vida, o como si dijéramos —tomando de la autora el título de uno de sus libros— *los nuevos motivos* en su ruta hacia delante. La dedicatoria y el propósito declarado por ella en su "explicación" insisten en esta doble circunstancia. En las primeras líneas de la dedicatoria expresa: "A todos los niños de mi patria, de cuyos brazos me arrancaron los viles", y más adelante, en el texto de su introducción explicativa declara como su intención fundamental al concebir y publicar el libro, el ofrecerlo

---

[35] No que por otra parte estas dos palabras juntas compongan una frase de sentido cabal en ruso.
[36] El primero de los poemas en cuestión es *«Muerte del caballo. (Idilio bárbaro)»*, y su autora lo incluye en el libro *América*. ¿Incongruencia temática? ¿Excentricidad? ¿Descuido? ¿O alguna oscura premonición? El poema es por su atmósfera un poema surrealista. Comienza dialogando con un hablante llamado Alexis Alexivich al que pregunta: ¿Dime cómo es el caballo?
—El caballo es una torre/ de veinte puños de alto (…), le responde aquél.
Cuando la voz lírica quiere reproducir el golpear de los cascos del caballo sobre la tierra recurre a la siguiente onomatopeya: ¡Totska! ¡Totska! ¡Totska! ¡Totska!
El segundo de los poemas aludidos se llama *«Toska Stepy»* (pronúnciese *Stepu*), es decir, *«La angustia de la estepa»* según consigna apropiadamente una nota al calce, y en el mismo, la autora acude a la inclusión no sólo de los vocablos rusos que hacen de título, sino también a la palabra *dzurna*, todo lo cual contribuye a dar la atmósfera exótica del poema.

gratuitamente a las escuelas de Cuba. Coexisten pues, en el ánimo de la autora dos sentimientos más que antagónicos, complementarios, los cuales determinan la crispación de la dedicatoria, y de las palabras introductorias o explicativas: el pesimismo ante la constatación de una injusticia que es, no sólo personal, sino política y colectiva, y la fe en la superación de aquel estado de cosas, para servir modestamente a lo cual concibe el libro, según declara:

> ¡Oh, Dios, si en esa tierra de corrupción se volviera a encender la antorcha de la pureza que la alumbraba cuando yo era niña...! *Yo* no tengo talla de apóstol. *Yo* no presumo de edificador en ningún sentido... Pero era tan grande mi deseo de virtud y de honor, que empecé a imaginar cómo podría hacer algo; alguna pequeña cosa con que despertar en las nuevas generaciones el sentimiento de la buena intención y el horror a la intriga. ¿Cómo insuflar el idealismo en las jóvenes almas? ¿Cómo el amor al trabajo y a la vida sencilla? ¿Cómo, el culto de la verdadera patria, que no es atabales, dinero y colores, sino... lo que no hay palabras para decirlo...? Y así, sencillamente, sin orgullo y sin pompa, al correr de mis lágrimas, para cantar la vida de otro tiempo, empecé a escribir, para los niños, para los ingenuos, la historia poética de cuando yo era niña... (15).

Tales extremos de *pesimismo* por un lado, ante el rechazo e impugnación que una circunstancia o el medio le producen, y de *entusiasmo optimista* ante el futuro, por el otro, coexisten en la obra de Emilia Bernal como los dos polos fundamentales de su capacidad creativa. Entre ambos se mueve y resuelve el numen creador de la autora. Por eso, la última línea de la dedicatoria de su autobiografía reza a manera de corolario: "Al porvenir". Sin lugar a dudas, Emilia Bernal participó al nivel estrictamente individual, como al nivel colectivo, de la crisis de confianza de su generación en los valores de una república que, tras una larga lucha por conquistar la independencia, se inició gravada entre otros males por la sombra del intervencionismo norteamericano, y la prolongación en la era republicana que se iniciaba, de los viejos males principalmente políticos heredados de la época colonial. Sin embargo, hay en la personalidad y en la obra de Emilia Bernal un elemento pocas veces presente en la obra de otros de sus contemporáneos, la capacidad de recuperación, y de superación subsiguiente. De ello, las memorias mismas son evidencia sustancial tanto en lo que respecta a la vida como a la obra de la autora. Punto y aparte en ambos ámbitos, marca un hito de indudables consecuencias en una y otra. No es casual que en el momento mismo en que se enfrenta a la mayor crisis de su vida adulta —considerada hasta el presente de 1919—, Emilia Bernal se vuelva a su pasado, cuando de niña estuvo obligada a participar de un sinnúmero de episodios de extraordinaria significación tales como los estragos de la guerra, o la agonía y muerte de su madre a consecuencia de la tuberculosis, en medio de todos los cuales hubo, sin embargo, alegrías verdaderas y fue posible en ocasiones la despreocupación propia de la niñez. Enfrentada a su propio infortunio, y para erguirse invicta ante él, a tono con el ejemplo de aquellos que fueran sus antepasados, la autora recurre en su biografía a trazar el dibujo cuidadoso —apenas idealizado— de sus padres y otros familiares, como el abuelo independentista que después de una vida larga, sacrificada y heroica, se ve reducido a la miseria ya en la vejez, y a sufrir una muerte lenta víctima de la parálisis. El paralelo evidente de hechos posteriores de la vida de la autora, con aquellos de la vida de sus deudos, a que aquí hace referencia, no podría anticiparlo la memorialista, pero sería poco menos que una inconsecuencia de nuestra parte, como lectores, si dejáramos escapar semejante mimetismo sin ponderarlo adecuadamente. Hay una constante de sufrimiento en la vida de esta familia, al que no podía ser ajena doña Emilia y existe, además, un correlato entre esa agonía del abuelo que después de sacrificarlo todo a la independencia muere lentamente sumido en la parálisis, y el destino último que corresponde a la nieta, quien tras largo batallar por el reconocimiento individual a su labor intelectual, a su condición de mujer de pensamiento independiente, y luego de haber hecho una contribución nada desestimable a la cultura de su patria con miras al engrandecimiento de la misma, se ve obligada a abandonarla una vez más, a avanzada edad, para morir tiempo después en el extranjero. La palabra *romance* del título debe pues interpretarse en este contexto, a modo de épica popular —a la manera de la tradición romanceril hispánica[37]—, tanto como en el sentido de recuento, pero asimismo podría leerse —no obstante la intención o propósito de la autora—, a la manera de un *romance de familia*, (según el término acuñado por Freud), que tiende a idealizar el pasado, y concretamente a la familia o las circunstancias que han sido desastrosas, pues si bien la Bernal no edulcora enteramente el pasado, al fijarlo con sus tintes recarga muchas veces los efectos plásticos, e incluso parece que se contradijera al referir un hecho que habla por sí mismo, al atribuirle en ella una impresión favorable, mintiéndose con la ingenuidad con que podría hacerlo el niño aferrado a su mundo de ensueño[38].

Aunque concebida por la autora con fines didácticos, es decir con la finalidad de ser empleada en la educación de los niños cubanos de su época —según declara— no se aplica a su autobiografía el concepto mojigato o ñoño que con harta frecuencia se asocia con la literatura infantil. Si bien la introducción y la dedicatoria, a los ojos de este editor se beneficiarían de una poda razonable que reste crispación al tono, con vistas a una edición escolar, el texto resulta enteramente accesible a un lector que se inicie en tales aventuras, máxime si se tiene en cuenta que algunas ocasionales dificultades pueden constituir la excusa perfecta para la exégesis oportuna o para la explicación de un uso o palabra. En este sentido, la autora puede ser comparada a José Martí, su compatriota, quien escribe para los niños en *La edad de oro* como si éstos pudieran entender asuntos, palabras y frases que afectan gran complejidad, pero que a la larga son perfectamente comprensibles para los niños por obra y gracia del artista que en estas lides prueba su competencia acaso como en ninguna otra.

Al re-editar una obra de las características de la presente, se han tenido en cuenta varios aspectos y problemas, a veces de difícil solución cuando no se tiene a la vista los originales concebidos por el escritor, y la fuente utilizada está plagada de erratas. Ante la imposibilidad de determinar en primer lugar cuáles de éstas corresponden al autor y cuáles a la imprenta, y en segundo lugar cuándo un uso ortográfico, concretamente de puntuación obedece a un propósito estilístico o no, nos hemos ceñido a un criterio menos subjetivo, el de puntuar en la medida de lo posible con arreglo a las reglas actualmente en vigor. La autora o los editores emplean con harta liberalidad los signos suspensivos y de exclamación, ante lo cual hemos aplicado el siguiente criterio. Redujimos al máximo el empleo de unos y otros. Cuando un signo de exclamación nos parece que añade fuerza a una expresión, la empleamos, e igualmente dejamos los puntos suspensivos ocasionalmente, cuando nos parece que sugiere o da idea de inconclusión. No hay dudas de que el uso reiterado de unos y otros signos de puntuación, lejos de añadir fuerza o de sugerir vaguedad, respectivamente, debilitan estos propósitos. El ojo del lector se fatiga y el

---

[37]Tan profusa en América como en España.
[38]Compruébese este juicio al leer las páginas (Apéndice 4) que la autora dedica a la visita que efectuó a su casa de Las Minas años después de vivir fuera de Cuba, durante una de sus estancias en la Isla, casa ésta que había sido transformada por su fantasía, y que a pesar del desengaño experimentado vuelve a reconstruir en su memoria, una vez que ha vuelto a marcharse.

signo pierde fuerza. En todo caso, quedan indicadas aquí estas interpretaciones del texto de parte nuestra por si algún lector o estudioso desea consultar las ediciones de 1925 o 1931 en que la presente edición se apoya. Asimismo, se ha revisado la ortografía de las palabras de manera que coincidan en todos los casos con las reglas de acentuación vigentes. En casos de obvios errores ortográficos u otros que contraríen la comprensión lógica de una frase u oración, también hemos procedido a efectuar la corrección pertinente, indicando mediante una nota correspondiente en qué consiste dicho cambio, lo que remite al lector interesado a la fuente de donde procede. En todo lo demás, el texto de la presente edición corresponde fielmente al que se da en las primera y segunda ediciones de la autobiografía, de manera que si algo hay que adelantar aquí es, simplemente, que se trata ni más ni menos que de la primera edición de la obra propiamente revisada y enmendada, o —para hablar en propiedad—, sometida a un cuidadoso trabajo de *edición*, previo a la publicación de la misma.

Nos ha parecido algo confusa la numeración romana utilizada por la autora —o los impresores— para indicar indiferenciadamente el título de un apartado y el del capítulo que en él se inscribe, de manera que hemos reemplazado por números indo-arábigos los que indican un comienzo de capítulo, del siguiente modo: – I – 1) 2) 3) II – 1) 2) 3), y así sucesivamente.

Para concluir, y apropiándonos aquí la conocida afirmación que advierte de no juzgar nunca un libro meramente por su apariencia, y un tanto parafraseándola, nos atrevemos a afirmar que, con la presente edición de la autobiografía de Emilia Bernal Agüero —preparada con esmero y la atención debida al detalle revelador— se pone por primera vez al alcance del lector la oportunidad de apreciar mejor la obra original, en consonancia con las altas miras y el ideal artístico y literario de autora tan significativa.

El romance de cuando yo era niña...

Dedicatoria:

A todos los niños de mi patria, de cuyos brazos me arrancaron los viles…
A los sencillos de corazón…
A la gente humilde de mi tierra…
A los que luchan…

Al porvenir…

Explicación

Un perro enfermo y hambriento. La piel pegada a los huesos, el pelo sin lustre, y apelmazado a trechos. Entra y sale, aquí, y allá. De todas partes lo echan. Las mujeres, ahuecando la falda, avanzan con repugnancia a él y lo arrojan a la calle con un *psi... psi... psi...*, cual si estuviese infecto; los hombres, pegándole pataditas o golpes de alejamiento con el bastón [hacen otro tanto]. El perro busca, bajo los techos, *algo*: ¿afecto...? ¡Comprensión, acaso! Pero en ningún lugar los encuentra. Todos lo acosan... Y sigue —*las guatacas*[i] mustias, los ojos tristes— hacia arriba, *gualdrapeando*[ii] por la acera su interminable marcha. Pero un día la acera se le acaba en el mar... El perro se echa al agua. ¡Y sale de su tierra...!

Ese [perro] era yo... ¿Quién que me conoció entonces, no me recuerda así? Del hogar, perseguida... De mi defensor, engañada... De mi profesión, escarnecida... El señor *Secretario de Instrucción Pública* me había puesto la proa, gratuitamente... ¿Mis compañeras [de profesión]? ¡Mis [peores] jueces! Por *no hacerme daño*, me llamaban con desprecio: ¡histérica...!

¡Yo no le pedía protección a nadie! ¡Yo todo lo confiaba a mi esfuerzo y [a] la justicia! Pero no hubo empeño que tuviera, ni actividad que desarrollara, a la cual no siguiese el fracaso inmediato, después de mis largos sacrificios. En fin, que se me había hecho imposible hasta ganar el pan para mis hijos en mi patria. Y me desterré...

¡*Bendito* el suelo yanqui, el que me dio refugio! Y [gracias al cual] tuve la paz por primera vez en mi vida. Con la balumba[iii] de mi turbulento pasado me doblé más de una vez sobre mí misma. Y pensaba... ¡De[iv] la patria!... ¡De la juventud!... ¡Y de la vida!... ¿Dónde está mi patria? —me interrogaba—. ¡Ah, mi patria es un sentimiento...! ¡Mi patria, es un bien futuro...! ¡Ahora no existe!

¡*Oh, Dios*, si en esa tierra de corrupción se volviera a encender la antorcha de la pureza que la alumbraba cuando yo era niña...! *Yo no tengo talla de apóstol. Yo* no presumo de edificador en ningún sentido... Pero era tan grande mi deseo de virtud y de honor, que empecé a imaginar cómo podría hacer algo; alguna pequeña cosa con que despertar en las nuevas generaciones *el sentimiento de la buena intención y el horror a la intriga*. ¿Cómo insuflar el idealismo en las jóvenes almas? ¿Cómo el amor al trabajo y a la vida sencilla? ¿Cómo, el culto de la verdadera patria, que no es atabales, dinero, [ni] colores[v], sino... [eso para] lo que no hay palabras? ¿[De qué palabras valernos] para decirlo...? Y así, sencillamente, sin orgullo y sin pompa, al correr de mis lágrimas, para cantar la vida de otro tiempo, empecé a escribir, para los niños, para los ingenuos, la historia poética de cuando yo era niña... (¡Y la escribí en unos días...!)

¿Y ahora, qué hago con el cuento escrito si no tengo dinero para publicarlo? ¿Cómo hago llegar mi corazón al corazón de los buenos?... Publicaba una casa editora de Boston, *Lothrop Lee and Company*, una serie infantil bajo el nombre de *When I was a girl in ...* [Cuando yo era niña en...]. [Aquí se añadía el nombre del país de procedencia de la autora]. Y le envié mi manuscrito. ¡Aceptado! Pero había de presentarlo en inglés. Traducirlo costaba caro... Y *yo*, no tenía... (Mi intención al proponerlo a una casa americana fue allegarme fondos con que

publicarlo en español después, para ofrecerlo como regalo a las escuelas cubanas). [Así es que] guardé el libro..

Han pasado cuatro años... Siempre con la misma ilusión calentándome el espíritu, pero siempre con la[vi] bolsa exhausta para realizarlo. ¿Editor[vii]? Aunque lo tuviera no lo quiero. Mi obra no es de comercio ni de exhibición; sino de amor y de generosidad... Y he aquí, que ahora me dispongo a completarla con el sacrificio. Privarme durante algunos meses de cosas que me son necesarias... Reunir una corta suma que me permita editar Layka Froyka... Y ofrecérosla. Tal cual salió de mi corazón. Sin retoques ni enmiendas. ¡Que ella os sirva de algo, solamente ansío!

(La Alhambra, Granada. Invierno de 1926

Proemio

EL ALMA DE MI PUEBLO

EL ALMA DE MI PUEBLO

Diez y ocho leguas por el norte, y otras tantas por el sur, está el Camagüey lejos del mar. Y ese pueblo metido en el corazón de la tierra, un solo corazón tenía. Sus latidos, recios, serenos, no se daban más que para la grandeza y el honor. La patria fue su más puro y ferviente ideal, y de allí son los primeros mártires que le ofrecieron sus vidas. En los inicios del siglo XIX[viii], por amor a la libertad, Andrés Sánchez y Francisco Agüero[ix], camagüeyanos de cepa, fueron ahorcados por los españoles en las proximidades de este pueblo. De Camagüey fue el mártir Joaquín de Agüero[x], [al] que, por manumitir a sus esclavos y declararse en rebeldía armada después, los españoles fusilaron en el año de 1851, junto con sus tres compañeros de revuelta. Y Agramonte[xi], el paladín de leyenda, el más poético de nuestra epopeya del sesenta y ocho, aquél que cayó muerto en Jimaguayú combatiendo por la independencia, cuyo cadáver apresó el enemigo y extendiéndolo sobre un lecho de leña y paja quemó, aventando al cielo sus cenizas[xii], camagüeyano era.

Del hogar amoroso y honorable salieron aquellos tipos que sintetizan el genio cubano. La familia que fue allí ejemplar de perfección, era paradisíaca. El patriarca, su mujer y una docena de hijos, alrededor de las amplias mesas, en la hora de las comidas, ofrecían un cuadro eglógico. La tierra les daba todo lo necesario para el sustento, y el hogar era modesto y abundantemente abastecido. Pueblo agricultor y pecuario, en sus fértiles campos y potreros anchurosos encontró siempre los elementos de la subsistencia. [Sus naturales] cumplían honrados con las leyes de la naturaleza. El más grande orgullo de un hombre y una mujer era tener muchos hijos. De aquel viril apostolado habría de nacer la generación briosa [de los Agramonte, y muchos otros], fecunda en todo.

El talento ha brillado [también] frecuentemente en los hombres de aquella estirpe [y] de allí han salido los cubanos más preclaros[xiii]. Desde el año catorce del siglo XIX[xiv] el genio consolidó en el espíritu de una mujer en aquella tierra. Se llamaba Gertrudis Gómez de Avellaneda. Era poetisa, novelista y dramaturga insigne. De alma ardiente y visionaria, un genio trágico la iluminaba, y así escribió obras inmortales: *Saúl*, *Baltasar*, y *Munio Alfonso*, consideradas como obras maestras en la literatura del romanticismo.

Tal es, a grandes rasgos descrita, la fuerza psicológica del pueblo a cuya filiación pertenezco y en cuyo seno se desarrolló mi primera existencia, [de la cual] contaré [aquí] lo gárrulo y gracioso que hay[a] [habido] en ella; mas [ ] también lo triste, que al fin, ambos aspectos van unidos siempre en el desenvolvimiento de toda vida.

(I)

CIUDAD COLONIAL

(1)
LA CASA SOLARIEGA

El siglo XIX y el XX han mezclado en Camagüey lo encantadoramente típico a lo moderno, confortable y oportuno, más no por ello de mayor validez que sus peculiares tesoros pueblerinos. Todo lo nuevo resulta, en la armonía envejecida del conjunto, postizo, falso, de pega. Así pues, uniéndose al prestigio de lo clásico *lo cursi* de lo nuevo, la ciudad ha perdido la unidad estética.

La casa típica camagüeyana es característica de todas las poblaciones antiguas de Cuba, fundadas por Diego Velázquez de Cuellar, el primer colonizador español que urbanizó nuestra isla, allá por el año de 1512. [Dígase] Bayamo, Sancti Spíritu, Trinidad...

Si algo revela con luz meridiana el genio, el carácter y la psicología toda de una raza, es sin duda, el albergue que se fabrica para habitar. Tal como las cualidades físicas de un individuo, por lo general, dan la medida exacta, o cuando menos aproximada de su modo de ser interno[xv], así, la casa del hombre, que es como si dijéramos la otra vivienda del espíritu, pero más amplia, más adjetiva que el propio cuerpo, revela cuáles son los gustos suyos, sus costumbres, y a cuáles necesidades de todo género debe corresponder la construcción.

No habiendo codicia de la tierra, y contando los colonizadores españoles con toda la isla de Cuba para holgar en sus viviendas, la primera condición de la casa cubana de esa época es la amplitud. Cada edificio cuenta con una gran parcela de terreno para su emplazamiento. Por eso, lo espacioso de sus habitaciones: gran sala, múltiples aposentos, ancho comedor, espléndido patio, al que se suma casi siempre, otro de área aún más extensa llamado traspatio.

Las cualidades de esta vivienda dicen de la confianza en el goce de la vida, la serenidad del espíritu equilibrado en el sosiego, y disfrutador[xvi] en el reposo de lo plenamente poseído: altas de puntal; aunque sin pretensiones orgullosas de escalar el cielo, los edificios parecen a primera vista de poca elevación[xvii], menguada su altura por sus dimensiones extensivas. La armónica sobriedad del conjunto [comunica adecuadamente una impresión de] sencillez hidalga [que corresponde a la] de sus moradores.

La techumbre de tejas de barro, [es] propia [ ] del uso de los primeros colonizadores, que copiaban en la urbanización criolla la de la España meridional y levantina, cuyo domino acababan de completar los Reyes Católicos con la toma de Granada. Allí, los árabes habían puesto su nota genial arquitectónica, en la que se contaba como elemento único, para el techado, la mencionada teja. Entre nosotros el uso exclusivo [de este elemento][xviii] da a la urbanización criolla un sello morisco.

Las paredes hechas con ladrillos[xix], o de calicanto, son de una consistencia de baluarte romano: macizas, inexpugnables. Y sus pulidas superficies, [son] de una blancura deslumbrante por la lechada cuidadosa que las viste[xx]. Contrastando con esa blancura, en el interior, el suelo [es] de color de almagre encendido, hecho de hormigón o con ladrillos en forma de paralelogramos[xxi].

Y en lo exterior, anchas, hospitalarias puertas del cedro o de la caoba que dan los bosques; puertas que jamás encontraba cerradas el pasajero, [y] en cuyos umbrales el huésped[xxii] siempre halló un amigo... Altas ventanas de palo, construidas con balaustres gruesos, cubiertas todo el día con espeso coletón de Rusia y descubiertas desde la tarde para que lucieran sus bellezas las muchachas hogarinas[xxiii]; [en lo alto] el guardapolvo[xxiv] todo entelarañado, protegiendo la parte superior de la puerta del chapotear del aguacero, —decorado por los colgantes curujeyes—[xxv], y del cual, pendía[n] el gancho rústico [y] el farol de lámpara de aceite que iluminaba leve la cercanía. [Y delante de cada puerta], los quicios, [de diferente altura], por donde —de casa en casa—, había de ir subiendo y bajando el transeúnte, si deseaba caminar frontero a los edificios[xxvi].

(2)
EL PATIO

Pero el mejor trofeo del pintoresco recinto era el patio, [a]murallado[xxvii] de altos tapiales[xxviii] cubiertos de frondosas enredaderas de madreselva amarilla y olorosa; quiscalias bermellón, que trascienden a fragancia de fruta; blancas estefanotas; azules campanillas; menudas ipomeas[xxix] y rosado coralillo.

Del patio en el centro, el pozo, de [alto] brocal de piedra carcomida, [ ] donde a la hora de la siesta da su clarinada al viento el gallo enamorado [y] donde cacarea entusiasmada la gallina anunciando a la dueña de la casa que la acaba de obsequiar con un huevo. Dentro, la piedra erizada de picos en las paredes del pozo, y en sus huecos, la fértil yerba colgante, la verdolaga de terciopelo verde intenso, el llantén medicinal. Y en el fondo, el agua clara y fresca, a veces borboteante surgiendo de abajo o de los flancos, a veces tersa, inmóvil, a cuya superficie se asoma a mirarse la muchacha, coqueta, antes de turbar su quietud lanzando el balde, que después sube lleno, acompasando el mover de los brazos a la música de la garrucha[xxx].

En otro lugar del patio, el aljibe, con su solado de ladrillos escarlata y su brocal hermético, donde el agua recogida del techo por las canales, se hace añeja, y abastece durante el largo estío y el corto invierno. Y alrededor del aljibe el milagro de las flores en rústicos canteros hechos con fondos de canecas[xxxi] invertidos. Canteros siempre llenos de rosas, de azucenas[xxxii], de claveles y de jazmines. ¡Maravilla en los amaneceres cuando las flores despiertan salpicadas del rocío!

Y semiocultos entre las enredaderas que trepan los tapiales, los tinajones, vasijas ventrudas llenas de agua movediza. Sus paredes internas llenas de musgo y desbordando el copioso culantrillo. En sus contornos, al frescor del agua que filtran sus poros, el hacinamiento de las espontáneas matas de mariposas[xxxiii], que embalsaman el ambiente cálido en las noches de junio, cuando el cielo negro se tachona de estrellas o la luz de la luna palidece el infinito.

En el traspatio, cada familia guarda su alborotado gallinero; acaso en estrecho corral alimenta con palmiche, un cerdo para sacrificar en el festín de Nochebuena, o suelta, entre las aves, da de pastar a una chiva, con cuya leche cría al recién nacido de la casa; o en el establo aposenta al caballo que hace los viajes cotidianos a la finca. Todo, animales y gente, viviendo dentro de la más cordial armonía.

(3)
¡ANTAÑO! ¡ANTAÑO!

¿Adónde se ha ido todo esto? La casa noble y señorial se ha convertido en la moderna mansión de superpuestos pisos donde se vive como en sepulcros, en habitaciones exiguas, llenas de largas y estrechas ventanas, y de puertas que apenas dejan pasar. Los patios, [han sido] arrebatados a la urbe por [la] necesidad de [contar con] la tierra, para las fábricas[xxxiv] nuevas. Los árboles, arrasados, por necesidad sanitaria para extinguir los mosquitos. Y por eso mismo, suprimidos el pozo, el aljibe, el tinajón, la tinaja y el tinajero[xxxv]. La tinaja, que filtrando el agua gota a gota en su gran piedra caliza, durante el silencio de la noche familiar, era música afinada, a la que se podían acompasar todos los sueños gratos que cantan en el alma cuando se duerme tranquilo[xxxvi].

¿Qué se ha hecho, la luz de esas pálidas lámparas que iluminaban suavemente los salones y alcobas…, aquellas lucecitas de vela de cera virgen que el cuidado de la guardabrisa[xxxvii] de cristal mantenía en llama erecta, a cuyo amor cantaba la madre adormeciendo al niño, la abuela decía a la parvada de los nietezuelos los legendarios cuentos, y la ternura de los enamorados encontraba velo con que cubrirse…?

Sin embargo, aún queda en tu forma lo indeleble de tu pasado, ciudad querida. Nadie podrá enderezar tus calles y tus callejones que se retuercen[xxxviii]. Tus calles por donde corrió la vida de tus héroes, tus calles que suenan a gloria… [Y] ¿quién podr[í]a silenciar la voz de tus campanas que salmodian la elegía del pasado[xxxix], [o] desteñir tu cielo de azul único que oye el lamento en la hora del crepúsculo, cuando todo parece que en la memoria resucita?

(I I)

MI PADRE

(1)
CÓMO ACABA UNA FIESTA

Mi familia paterna vino a Camagüey el año de 1800[xl], cuando España trajo de la isla de Santo Domingo, que acababa de ceder a los franceses, «La Audiencia Primada de Indias». Era mi bisabuelo, fiscal del crimen de la misma. Entre sus varios hijos, mi abuelo no quiso estudiar profesión alguna y se dedicó al cultivo de sus haciendas, llenas de esclavos. Estaban dedicadas unas a la cría de ganado, otra era exclusivo cafetal, otra tenería, algunas [estaban] sembradas de caña, que se molía en los *trapiches*, —[como se llamaba a las fábricas de azúcar existentes en Cuba en esa] época—; en otra, en fin, vivían los esclavos libertados. [A ésta] por habérsela regalado mi abuelo [a los negros libertos] para que tuviesen albergue seguro durante el resto de su existencia, se llam[ó] Santa Rosa de los Negros Libres[xli]. Todas [estas haciendas se conocían] con el nombre [genérico] del gran predio Maraguán, donde [también] estaba[n] la alcaldía de barrio, y la elegante mansión de la familia.

Celebrábase en Cuba con gran regocijo el día de Santiago Apóstol, patrón de España y de las Indias, y en una ocasión, para festejarlo, mi abuelo se trasladó [desde su casa, al lugar del predio donde tendrían lugar los festejos], acompañado de su familia y servidumbre.

En medio de la más jocunda algazara[xlii] se prepararon los juegos y diversiones, tales como las carreras de patos, el juego de la sartén, el del porrón, el de ensartar la sortija [y otros]. La carrera de patos consistía en amarrar en el centro de una cuerda, tendida entre dos postes lejanos, un pato vivo, con la cabeza hacia abajo. Los jugadores se situaban enfrente de la cuerda, y al pasar asían fuertemente la cabeza del pobre pato, que a las varias sacudidas empezaba a sangrar. Así continuaban los jugadores pasando y la cabeza iba desprendiéndose lentamente hasta que uno se quedaba con ella. Ése era el triunfador. El juego de la sartén no era inhumano, como el anterior, y sí gracioso en extremo. En una cuerda colocada como para la carrera de patos, pero baja, a la altura de una persona puesta de pie, se colgaba una sartén con el fondo atrozmente tiznado y allí, pegada con cera, una moneda de oro, un doblón o una onza. Cruzaban las personas, paso a paso, debajo de la cuerda, y al hacerlo se detenían unos segundos junto a la sartén, tratando de agarrar la moneda con los dientes. En este afán, entre las risas locas de los espectadores, salían con las caras horriblemente tiznadas; pero el que se llevaba la moneda entre los dientes ganaba el juego y quedaba dueño de la misma.

La diversión favorita de las mujeres y los niños, era la del porrón. Se colocaba esta vasija llena de agua de la misma manera que la sartén, y los muchachos y las muchachas partían, sucesivamente, con un largo palo en la mano para romperlo[xliii]. Estaban vendados, y para desorientarlos, antes de salir se les daban unas cuántas vueltas. La mayor parte de ellos sólo conseguía dar *palos de ciego*, es decir, palos en balde; pero cuando uno acertaba a pegarle al porrón[xliv], saltaba éste en múltiples fragmentos, empapándose de pies a cabeza. Gritos de júbilo tumultuosos llenaban el aire y el ganador era obsequiado con un premio convenido de antemano.

Sería para nunca terminar la exposición de los juegos de todas clases: carreras en saco; equitación —saltando obstáculos los caballos, o corriendo, con apuesta, a lo largo del camino real—; la subida a la cucaña[xlv], [y muchos otros]. Pero el juego de la sortija tiene una importancia trascendental en la historia de mi familia, y voy a describir aquél del día de Santiago Apóstol, en Maraguán, que determinó por su fin trágico todo el proceso de una vida que me fue cara, y que influyó, por tanto, en la mía.

Un alto poste clavado a la vera del camino. En él, perpendicular, una varilla fina de madera en la cual está ensartada una sortija. Los jinetes, apostados a distancia, esperando la orden de correr para engancharla, salen, primero uno, luego otro, y así sucesivamente los demás. Al atravesar cada quien, al lado de la sortija, pretende llevársela con un garfio que porta, lo cual es una difícil y arriesgada empresa. El que lo consigue, gana el juego.

Mi padre, niño de diez años, muy malcriado por los suyos, a la vez [que] de carácter intrépido, manifestó su deseo de ir a ensartar la sortija. Al principio los padres se negaron, pero después de sus instancias reiteradas se lo consintieron. Corrió distintas veces, a su turno, entre los otros, y una de ellas —en fuga vertiginosa— tropezó en el trayecto con otro jugador que venía. El choque fue tremendo. Ambos jinetes cayeron al suelo privados del conocimiento. El otro, (guajiro mofletudo, y hombre hecho, sufrió menos que mi padre) [en tanto que] éste fue levantado del suelo echando sangre por boca, nariz y oídos, presa de una congestión cerebral. Sus padres, entristecidos, prepararon todo al instante para marchar a la ciudad, y en parihuelas, desde Maraguán a Camagüey, —siete leguas largas— salió el pequeño sobre los hombros de los silenciosos campesinos. Una comitiva alongada, a caballo y a pie, lo seguía, y detrás de las andas iban mis abuelos en su volanta, acompañando adoloridos al hijo, al cual muy pronto creían ver morir.

(2)
HASTA QUE YO NACÍ

Mas no fue como temieron. Llegado a la ciudad y sujeto a curación lenta, tras hondo padecer, se inició la mejoría, y cuando el niño estuvo a salvo, se comprobó para todos una temida y tremenda desgracia. Recuperó todo su precoz talento, pero le faltaba por completo el oído. Mi padre, pues, era sordo. Esto, unido a su gran alma de artista, a su gran inteligencia privada del sentido más elocuente y sensible para la vida de relación y a su carácter intenso y apasionado, imprimió en él un sello típico.

Cuando estuvo bueno, los padres determinaron enviarlo a Europa, bajo la guarda de un tío carnal suyo, D. Calixto Bernal[xlvi], que vivía en Madrid, donde era diputado a Cortes por su provincia natal, el Camagüey. No fue a colegio de sordomudos[xlvii], porque, cosa muy rara en aquel tiempo, a los diez años ya sabía leer y escribir correctamente. En Madrid se le dio una educación esmerada y fina. Cuando hubo de estudiar una carrera, encontraron que la más adecuada para su temperamento artístico y su sordera absoluta, era la de pintor. Y en la Real Academia de San Fernando, en esa capital, hizo sus estudios principalmente. En España se hizo hombre, y al calor de aquel ambiente propicio desarrolló sus aptitudes. Muy joven, brilló como escritor y colaboró en los más importantes diarios madrileños, sobre todo en *La Democracia* y *El Globo*, con cuyo director, D. Emilio Castelar[xlviii] le unía periodística confraternidad.

Mi padre nunca supo hacer dinero de su arte. No tenía el instinto práctico de la vida, y después de pasar toda su juventud en las capitales europeas, volvió a su tierra natal, ya en la edad viril, después de terminada la penosa guerra *del sesenta y ocho*, a vivir de sus rentas, módicas, pero suficientes a darle una vida sin trabajos, y a dedicarse a sus aficiones intelectuales. Allí conoció a mi madre, poetisa de corazón sencillo, que ya tenía bien afianzada su fama, no sólo con sus poesías líricas, sino con la composición de dramas, uno de los cuales —en verso— *La huérfana o Los misterios* alcanzó dos ediciones. A esos prestigios vino a agregarse otro, consolidado durante la guerra: el de mujer revolucionaria y estoica, pues arrostró prisión en la cárcel de su pueblo, y fue condenada por causas políticas.

Enamorado mi padre, más que de la mujer positivamente bella, del estro poético y del alma suave —delicada, a la vez que enérgica— de aquella mujer, contrajo nupcias con ella. Pasado el primer año de bodas, atormentado él por su sed de conquista intelectual y por su espíritu inquieto, decidió emprender una *tournée* artística por la isla de Cuba, para enseñar, de ciudad en ciudad, (peregrino de ideales) un invento destinado a grabar, cosa muy interesante entonces, [cuando] estaba tan atrasado ese arte, y al que bautizó con su propio nombre, *Bernaltipo*[xlix]. Se acercaba entre tanto el tiempo en que yo debía de venir al mundo, y a prepararme alojamiento se dirigían mis padres de nuevo al vetusto Camagüey, [entonces Puerto Príncipe], pero al llegar a Nuevitas, yo, como siempre inoportuna, *me aparecí de improviso* en aquella ciudad ribereña, sin darles tiempo de arribar [al punto de destino].

(3)

MIS PRIMEROS RECUERDOS

Pasados algunos meses en Nuevitas, siguieron [mis padres] rumbo hacia el Camagüey. En él me bautizaron, en la Parroquial Iglesia Mayor; en él se deslizaron rápidos los primeros años de mi vida, hasta que las vicisitudes nos lanzaron de paraje en paraje, peregrinando cada día. Mis padres, intelectuales por encima de toda otra cosa, no vivían sino para los más puros goces de la inteligencia, y a estos trabajos consagraban todas sus energías. La sordera de él lo hacía insociable, y por eso siempre vivieron en lugares extramuros, adonde sólo se acercaba un grupo selecto de amigos, los que sabían entenderse con él, hablándole con letras de mano o escribiéndole. Se necesitaba, desde luego, sentir un gran interés por su amistad para que se dedicara el trabajo de un medio de expresión tan difícil. Así, eran contadas las personas que iban a mi casa, que, a pesar de ser solitaria, fue para mí una delicia. En ella se desarrollaba mi vida a sus anchas, en aquellos patios inmensos llenos de árboles, de flores, de pájaros, sin más amigos que mis primeras florecientes ilusiones y forjándome el mundo, a tenor de mi fantasía. Bien me acuerdo cuando en las oscuras noches, siendo en extremo pequeñita, sentada sobre las piernas de mi padre, que se mecía muelle en un balance, bajo el toldo de los árboles del patio, me entretenía en preguntar cosas y cosas: ¿cuántas puntas tenían las estrellas?; ¿cómo me había de sentar para no volverle la espalda a Dios, ya que *Él* está en todas partes?; ... si se le podía llamar *Este*, al lado derecho de la frente... ¡Y cómo temblaba a veces al oír el susurro de las ramas!, imaginando que aquello era la charla de los espíritus, de los cuales frecuentemente oía hablar en las fábulas de las negras viejas del barrio, cuando iba furtivamente escapada a hacerles la visita. ¡Y cuántas veces él, que tenía atisbos de astrólogo (que antaño pasaba largas noches en vela tomando fotografías celestes), que conocía muy bien las constelaciones, y que gozaba hablándome de ellas, me las mostraba y me decía con aire de cuentista, sus orígenes y sus historias mitológicas, tales como la formación de la Vía Láctea, el destierro de Calixto...! Todo lo cual escuchaba yo de hito en hito.

(4)
FILOMENA

Una tarde estaba mi madre muy atareada, aprovechando los últimos rayos del sol que se iba, en terminar un bordado en su telar de mano. Para librarse de mi constante ir y venir que la distraía, me mandó a sentar en el *quiciecito* de la puerta de la calle, recomendándome que me distrajese viendo pasar a los transeúntes, y que no me moviese de allí. Contaba mi madre que apenas me hubo mandado se quedó muy tranquila, pues me [oía][l] en viva charla con alguien que ella creyó una vecinita, que habría venido a hacerme compañía. [Empero] no oía la voz de ésta en el diálogo [y] pensaba que sus respuestas eran en voz baja... Sólo percibía mis preguntas y mis *cuentos*:
—Oye, Filomena, ¿tú vas a pasear el domingo al Casino Campestre...?
(...)
—Mi padre me lleva todos los domingos a recoger carolinas.
(...)
—Yo tengo un vestido blanco, bordado, y una *sombrera* muy linda.
(Había de decir siempre *sombrera* por más que me corrigiesen este femenino).
Cuando, de repente, prorrumpo en un desgarrador:
—¡Filomena! ¡Filomena! ¡Filomena!
Corre a mi encuentro [mi madre] y me halla deshecha en lágrimas levantando un dedo en el aire en actitud de sentir un dolor horrible en él. Al instante, piensa que Filomena me ha mordido y empieza a buscar, con la vista, a la criatura, y empieza a hacerme preguntas sobre ésta, [mientras] simultáneamente me examinaba[li] el dedo, y supo [entonces] que la Filomena con quien yo charlaba era una abeja, pues me halló clavada en el dedo una ponzoña profundísima.

(5)

MI HOGAR

(EL CUARTO DE TRABAJO DE MI PADRE)

De aquél, mi hogar infantil, lo que surge con mayor vehemencia en mi ánimo es el cuarto, original e insólito, donde trabajaba constantemente mi padre [ ]. Mesa de trabajo casi rústica: una ancha tabla, pulida en la parte superior, áspera en el reverso, descansando en unas tijeras de palo. (A esto llamaba él: *"mi mesa de campaña")*. Allí papeles, papeles y papeles, todos dispersos —a mi parecer— pues él afirmaba que los tenía en mucho orden, y me pedía que no se los revolviera cuando me veía deambular cerca de ellos. Plumas, lápices, tinteros, pisapapeles —que eran [unas] *piedras chinas* colosales.

A la vez que escritor y periodista, no dejó mi padre de cultivar con fruición su arte pictórico, y había por tanto en aquel salón: caballetes, cuadrículas, pinceles, paletas, mesitas auxiliares —hechas con cajas burdas de madera y patas endebles— lienzos diseñados[liii] (bustos generalmente, pues mi padre cultivaba el retrato), y [además] una galería [formada de retratos] de personas ilustres: [José Antonio] Saco, La Avellaneda, José de la Luz [y Caballero], El Lugareño, [José María] Heredia, [Francisco de Agüero, llamado] El Solitario, El Marqués de Santa Lucía…, y un retrato de mujer que llamaba poderosamente mi atención por la seriedad de su rostro. Era Aurelia Castillo [de González][liii]. Vestida de azul intenso con un encaje muy fino y blanquísimo alrededor del cuello. Contrastaba el tinte del traje de una manera maravillosa con el oro de su pelo y el violeta suave de sus ojos tranquilos.

Se daba mi padre a la fotografía a tal extremo, que alguna vez la tuvo pública, pero en este tiempo era sólo por afición que la ejercía. Así, también decoraba[liv] un ángulo del cuarto, —[especie de gabinete] pequeño—, [un] negro cobertor, (a manera de cámara oscura), donde revelaba. Y para el ejercicio de ese arte, él mismo producía químicamente todo lo necesario, por lo que en la misma habitación había instalado un laboratorio químico. El elemento prístino que jugaba papel en este gabinete eran las mencionadas cajas de madera, las que, con sus cuatro largas y estrechas listas de sostén, parecían grillos sin alas, prontos a saltar para servir en todo. Entre dos de ellas apoyaba una larga tabla, y allí pomos de todos tamaños, con sus productos combinados y por combinar. Las botellas, a su vez, le eran en extremo útiles. Las usaba constantemente. Para adaptarlas, ceñía la botella con *un cairo* empapado en alcohol, a la altura por donde deseara quebrarla. Prendía fuego al cairo, y así que estaba casi consumido, sumergíala en agua fresca. Tiraba hacia fuera, de la boca y del fondo, tratando de separarlos, y le quedaba en cada mano una de estas partes, con el borde perfectamente redondo y pulido. Fungía en el laboratorio la sección inferior de la botella, de recipiente, y la de arriba —invertida sobre la primera— de embudo, y en él un filtro de papel [de color] *violado* completaba el equipo. Allí hacía sus cianuros, sus *colodium*, sus nitratos y sus cloruros para la fotografía.

Mi padre casi siempre tuvo periódico, donde laboraba por el arte; por [aquello en] lo que él creía de buena fe[lv]: la salud pública[lvi] o por la causa política. Para editar estos periódicos, había en la casa exigua imprenta[lvii]. Aumentaba esto la barahúnda de la gran sala de trabajo. Alguna caja de letras venía a parar siempre allí desde el aposento contiguo donde estaban instalados los chibaletes y prensa, y eso acababa de hacer más abigarrado aún aquel ambiente inolvidable, que tenía de todo: de estudio artístico, de *bureau* literario, de laboratorio, de cámara industrial, de museo…

LAS EXPOSICIONES ANUALES EN EL CASINO CAMPESTRE[lviii]

La actividad de mi padre se ejercitaba en todas formas, y no había invento o aplicación de la industria que se le ocurriera, a la que no aplicara sus energías inmediatamente. Pensó que siendo el *mangle colorado* de nuestras costas tan astringente y tintóreo como el *palo de Campeche*, era desidia cubana no usarlo para la tintorería. Entonces vino al gabinete una caja de caparrosa y sacos de briznas de mangle enviadas por los costeños, y empezó a fabricar tinta y a teñir lienzos. Se aumentaron los recipientes de las mesas químicas y tomó el estudio un nuevo aspecto, pues los paños tendidos a secar de ángulo a ángulo trastornaban por completo su habitual apariencia.

Se celebraban anualmente en Camagüey, en los terrenos del Casino Campestre, unas «Exposiciones» destinadas a favorecer y premiar la industria y el desenvolvimiento pecuario de la provincia. Para entonces, preparaba sidra de marañón, y allá, a la caballeriza de mi casa, venían a dar los toneles donde el jugo fermentaba, y el laboratorio expandía su esfera. A la sidra de marañón se sumaba la mantequilla criolla, la salsa de tomates en conserva, el aguardiente de caña, el vinagre de naranja... Pero lo más pintoresco era la sarta de *plátanos hembra*, a manera de interminables rosarios, por el día colgando para secarse [al] sol del patio, por la noche decorando su tendido, el célebre gabinete. Quería producir, y produjo, los sabrosísimos *plátanos pasa*, que le premiaron en una de las «Exposiciones» referidas, y que dieron lugar a una industria nueva en nuestros campos, la cual no perduró por la proverbial apatía de los naturales[lix].

Cuando llegaba el tiempo de la «Exposición», presentaba mi padre una serie de productos originales, sólo por el placer de trabajar en bien de su país, exponer su riqueza y mostrar con el ejemplo, que bien aplicadas las energías sociales producen la prosperidad en una tierra privilegiada como la nuestra, [a la] que, fatalmente la desidia de sus hijos reduce a una posición secundaria en el orden industrial, que es una de las bases más firmes de la prosperidad de un país[lx]. Así, obtuvo [mi padre] diversos premios, y el Muy Ilustre Ayuntamiento de Camagüey le ofreció diploma de «Buen Amigo del País», pero él, lejos de toda vanidad, desdeñaba los triunfos personales y no se rendía a la seducción de los cartones dorados. Fui yo, siendo pequeña, quien recogió del basurero de casa, su diploma todo roto e ilegible. ¡Y lo conservo!

(7)
MIS PRIMERAS LUCHAS

Aún me parece ver allí a mi padre, en constante labor, tal como él era: bajo de cuerpo, pero eurítmico, activo, nervioso, infatigable; con su traje sencillo, siempre igual, del que era obligado toque la gran chalina negra. Aún me parece ver su arrogante cabeza de ondulada cabellera oscura, que contrastaba con el gris prematuro de su barba; su ancha y genial frente, que parecía nimbada con luz de ensueño; sus ojos garzos, redondos e inquisitivos, siempre en pregunta a los ojos que miraba. Aún me parece que interrogan a través de la noche infinita de la ausencia.

Y aquél mi padre, hombre tipo, símbolo de la actividad inteligente, patriota idealista, — puro como un niño— inocente en sus afectos; que lloraba a veces, paseándose aceleradamente al escribir sus artículos; que rompía en sollozos si cerca de él se hacía música, soñando los goces del sonido, que jamás conoció[lxi]; aquel hombre único por quien sentía la devoción que no he sentido por nadie más en la vida, era el ludibrio de la gente porque, debido a su sordera, hablaba tartamudo y raro; porque su voz no sonaba armónica, sino enferma, trémula, tartajeante. Yo era su *lazarillo*, y aquellas risas de los muchachos traviesos de la calle, de las mujeres ventaneras, de los corrillos de hombres populares que ambulaban por las plazas, y con los que nos encontrábamos al paso cuando salíamos, me hicieron desde la más tierna infancia rebelde a la gente; enemiga de la sociedad, y me enfermaron el espíritu. Mi padre desdeñaba la burla cotidiana, pero a mí —pequeña en demasía— me torturó como no es posible expresar con meras palabras. Pudiera referir muchas anécdotas de todo carácter, que demuestren cómo reaccionaba contra ella, según era la disposición de mi ánimo en el momento en que me hería, pero contra la cual no dejé nunca de reaccionar, estando por esto siempre, en lucha desesperada con[tra] la chusma de mi pueblo.

(8)

EN CASA DE LAS PANECAS

Teníamos desde hacía muchos años a unas pardas por lavanderas. Se apellidaban Paneca. Concha, Amalia e Inés. Concha era viuda, con dos hijos: Gabriel, robusto y alegre [y] Joaquín, enfermo, paralítico, siempre tendido en un lecho a modo de sillón, donde se distraía leyendo o ejecutando cualquier labor prolongada, pues el pobrecito, en su vida inmóvil había aprendido a ser paciente y se dedicaba a hacer muchas cosas de curiosidad, como dibujos iluminados con lápices de color, de una fantasía rara, o cosiendo tiras de todos colores y de todos tamaños para hacer *sábanas de gato*. [El] hermano [de Joaquín] y los arrapiezos del barrio jugaban delante de él a las bolas y los trompos y a los juegos que cupieran en un zaquizamí tan estrecho. Yo aprovechaba cuando iba a llevar algún recado a las lavanderas, para entregarle a Joaquín las tiras que me pasaba los días recogiéndole, con las cuales éste ensanchaba sus *sábanas de gato*. Y me quedaba tanto tiempo en casa de las Paneca, que al salir para ella, mi madre —sabiendo lo que me demoraba— me despedía siempre con un: "¡vuelve pronto!". Me quedaba, porque era para mí un gusto contarle cuentos a Joaquín, y que él me contase los que leía (siempre muchos) pues se pasaba casi todo el tiempo en ese oficio. Así, que cuando me iba [de regreso a casa] nunca me los había dicho todos y nos separábamos, interrumpiéndolos. Él me decía [entonces]:

—Cuando vuelvas, terminaré de contarlo.

Por otra parte, me gustaba con pasión ver lavar y planchar, sobre todo lo primero. ¡Ver levantarse la blanca espuma del jabón [y] oír chirriar el agua apretada entre los puños de la lavandera…! Eso era delicioso para mí y me pasaba el tiempo insensiblemente al borde de la batea. ¡Por todo eso me demoraba tanto siempre que iba a llevar algún recado a casa de las Paneca!

Una mañana fui donde ellas. Estaban jugando a los mates[lxii] Gabriel y otros muchachos, descalzos, sucios, misérrimos, bravíos. Entre ellos uno que yo conocía muy bien, pues lo había visto acompañar a una pobre mujer, de la cual era hijo, —la que me inspiraba un sentimiento íntimo, mezcla de horror, de lástima y de repugnancia—. Esta mujer tenía comida la nariz por un *zaratán* y mostraba en vez de ella, dos cavernas, tapadas con algodones purulentos, por donde salía una voz gangosa y lastimera. Se llamaba doña María. El juego era cerca del lecho del escuálido Joaquín. Yo estaba próxima a ellos y a la batea, embebida, mirando lavar, tan absorta que no me acordaba del mundo. De repente, doy uno de esos revuelos inopinados —tan propios de mi viveza de entonces— y planto el pie, de lleno, en la olla donde tenían los muchachos las pilas de mates, al punto que iba a ganar el hijo de doña María [el cual], al ver de esa manera deshecho su triunfo, se yergue amenazante, con los puños alzados hacia mí, increpándome:

—¡Anda…! ¡Anda…! ¡Tenía que ser…! ¡La hija del sordo…! ¡Que si a tu padre le tiran un cañonazo en el oído, no lo oye…!

¡Ah…, eso era ya demasiado! ¡Que semejante gusarapo me echara en cara la sordera de mi padre…! ¿Y él? ¿Quién era él? ¡Nada menos que el hijo de una mujer que no tenía nariz! Y en desahogo, adoptando la posición más zafia que hallé en mi vida, la voz anudada en la garganta, la cara llena de lágrimas, le grité —a trozos— como pude:

—¡Anda…! ¡Anda…! ¡Tenía que ser…! ¡Que si a tu madre le tiran [un]… en la nariz, no lo huele!

(9)

¡GELABERT! ¡GELABERT!

[He aquí] otro cuento[lxiii]. ¡Cómo me acuerdo! Noche de verano. Domingo. Un grupo de jóvenes en la Plaza de Armas[lxiv]. Había retreta, y me paseaba [por] el parque, feliz, del brazo de mi padre. De repente, un mozalbete de entre ellos empezó a gritar [como] tartamudeando, fingiendo la voz de mi padre.

—¡Ber... Nal...! ¡Ber Nal...! —Luego una frase insolente; luego otra [y] luego otra, en que salió a bailar, la honra de mi abuela—. ¡Ber... Nal...! ¡Ber... Nal...! —Después, las risas de todos.

Mi padre pasaba inocente de los insultos. Yo, que los oía, con el más grande de los resentimientos, le conté lo que pasaba. Él me decía:

—Deja, Emilia. ¡Déjalos! Yo no les hago caso.

Entonces yo, con la voz quebrada por el llanto, que me corría a raudales y la fuerza en el brazo de una voluntad suficiente, lo arrastré hacia el grupo, pidiéndole que se desquitara. En ese momento apareció en mi padre todo su carácter:

—¿Quién me insulta? —dijo. Los palurdos contestaron, todavía riéndose, con esguinces. Hasta que uno balbuceó a [las] reiteradas preguntas:— ¡Gelabert! ¡Gelabert! —Y lo mostraron.

Agarró mi padre a Gelabert por los hombros, lo sacudió bravamente, y [de este modo] deshizo el grupo. Nosotros nos alejamos. Yo marchaba satisfecha, porque mi padre le había dado su merecido.

¡Cuánto sufrí con las burlas a la sordera de mi padre! Llegué en mi inocencia y en mi pudor, a intentar una comedia [a todas luces] absurda, en aquella sociedad que nos conocía:

—Mira, papá. Tú no hables, para que la gente no se ría. Yo tampoco hablo. Y como soy yo la que hace las señas, se creen que soy muda.

Comedia que él me quitó de la cabeza, y que revela hasta qué punto llegó la tortura de mi alma infantil.

(III)

LAS MINAS

(1)

DE VIAJE

Así, pasaba el tiempo lentamente en [medio de] aquella vida, muelle por el abandono del vivir, pero cargada de inquietudes ideales para mis padres, cuando un caluroso día de agosto se comenzó a revolver todo en la quieta casa, porque se preparaba un viaje. Mi madre, que desde su más remota juventud poseía título de profesora de Instrucción Pública, magisterio que no ejercía sino a temporadas, había aceptado la dirección de una escuela, en un sitio campestre llamado Las Minas[lxv].

La nueva del viaje fue recibida por mí con gran alegría, pues imaginaba el goce del campo con fruición exaltada. Mi madre, mis dos hermanitos y yo, nos pusimos en marcha hacia aquella residencia, después de haber recibido besos y abrazos, largos y expresivos, de nuestro padre. La travesía era corta. Las Minas, situada en la mediación de la línea férrea que une a Nuevitas con Camagüey, está a nueve leguas de esta ciudad. Era pues, corto el viaje, pero incómodo hasta no más, por las malas condiciones de la vía ferrocarrilera en aquella época de atraso. La trepidación de los carros producía una desazón constante y un bamboleo, que a los muchachos agradaba —[por lo que la] acompañábamos con frases onomatopéyicas—, pero [todo lo cual] a las personas mayores terminaba por hacerles perder la cabeza.

Llegamos a nuestro pintoresco pueblecito, donde mi madre, la nueva profesora, fue recibida con vivo entusiasmo por las familias y los niños de la vecindad[lxvi]. Mis hermanos, demasiado chicos para entrar conmigo en juegos y fechorías, estaban siempre a la falda de la madre. Yo, soberanamente libre, expandí mis actividades, desbordante de alegría en esa aldea llena de la frescura de la vida sencilla.

La casa de la escuela era propiedad del Municipio. (Entonces los profesores habitaban en sus escuelas, y allí vivíamos). Las paredes [eran] de tablas de pino, blancas de lechada; [los] techos, de tejas rojas. Escueta en su forma, [la componían asimismo] una puerta central y dos ventanas laterales; piso de madera [y] amplio patio, (cercado en parte de alambre, y en parte de estacas secas en pie, muy unidas, de manera que impidieran la mirada de los transeúntes) [todo él] cubierto de macizos y hierba silvestre. Y pegado al alero, el pozo fértil. ¡Clavada en una soledad estaba la casa! A los lados, no había vivienda alguna; en el frente, la calle, que más bien era camino real, todo lleno de altibajos y hoyos. Más distante todavía, un arroyo que en tiempo de primavera corría y en la seca se agostaba. Todo el terreno [adyacente] cubierto de altas matas de guano de cana[lxvii] [y] más lejos [aún], [se observaban] después, las paralelas del ferrocarril. Y al otro lado —longitudinalmente a ellas— un frondoso y alongado palmar, en cuyo fondo el cielo se destacaba límpido en las mañanas, y profundamente negro y lejano en las noches, [y] en cuyo lienzo observé tantas veces la *Cruz de mayo*, que llaman así los campesinos porque aparece oblicua en los meses anteriores, y en el transcurso del tiempo, hasta llegar éste, se va colocando vertical al horizonte. Más lejos aún, [se veía] el Cerro de Bayatabo, loma azulada de que la leyenda hace tanta poesía. ¡Que [si] un ánima en pena ronda por su cumbre todas las noches, arrojando piedras a sus abismos...! ¡Que [si] un ave rara grazna en sus opulentos árboles cuando la luna blanquea los campos, anunciando el oro de sus entrañas...! ¡Que [si] al llover, las aguas corrientes de sus laderas brillan plateadas a la luz de la luna, y color de oro a la luz del mediodía...! Todo [esto] encarnación fabulosa de la idea positiva de que el Cerro de Bayatabo es un centro minero. En aquel lugar delicioso corrieron meses y meses los mejores tiempos de mi vida.

(2)

MI ESCUELA

Habiendo escuela en mi casa, jamás concurrí a ella con obligación, sino cuando quería. Al albor, con las calles llenas de neblina, por aquel camino que iba a la casa, veía yo allegarse las niñas del pueblo a ella. Entonces yo iniciaba mi desfile. Cogía un cesto de *guano* desflecado; un sombrero viejo; una lata herrumbrosa; cualquier vasija que hallara al paso; un largo hilo con un alfiler amarrado a la punta y migajas de pan de mi desayuno, y [con todo esto] me iba a mi oficio. En la hierba empapada de rocío me sentaba, a la margen del turbio arroyo, echaba mi anzuelo al agua y empezaban a picar los camarones y las pequeñas *biajacas*[lxviii] a toda prisa. ¡Qué contento! Cuando picaban sentía transmitirse el temblor del cordel a mi cuerpo y a mi alma. Así, pescando se me iba el tiempo, y cuando ya el sol quemaba —cuando todas las chiquillas del colegio tornaban a sus casas para tomar el almuerzo— mi madre comenzaba a llamarme:

—¡Emilia!... ¡Emilia!...

—¡Ya voy, mamá!

Y esto se repetía incontables veces, hasta que al fin, ardiendo el pelo y quemada la piel por el sol meridiano, me volvía a mi casa [que quedaba] inmediata, casi siempre con mi abundante pesca de camarones, que ponía a cocinar para ver cómo de prietos se tornaban en rojos encendidos.

El mediodía, durante el cual era más fácil retenerme en la casa, lo pasaba haciendo bellaquerías a las alumnas del colegio. No me acuerdo cómo adquirí una máscara, y esto fue un tesoro que me dio durante algún tiempo, oportunidades para divertirme. Descubrí que una muchacha pequeñita de la clase tenía horror por las caretas. Yo velaba cuando ésta iba *afuera*, al fondo del largo patio. Me escondía entre la hierba próxima al trillo, y al enfrentar a la chiquilla, sacaba mi faz enmascarada de entre la hierba, sobre su rostro mismo, que pasaba, haciendo sonar un *¡uhhhh...!* fuerte y prolongado. El grito más agudo y la huida más llena de pavor seguía el acto. Yo me *desbarataba*[lxix] de la risa. Otras veces, me vestía de mulata, y en medio de la clase salía bailando y cantando una rumba. La clase se interrumpía con alegres carcajadas. Mi madre, a veces no podía evitarlo y también se reía; otras me regañaba —*incomodada*[lxx]—; otras, me ponía *en penitencia*[lxxi]; pero en seguida una niña mayor o un grupo de alumnas venían a servirme de madrinas y se acababa el castigo.

(3)

LOS JUEGOS DEL SÁBADO:

LAS COMIDITAS; EL FERROCARRIL; LA TROPA [Y] LAS PARADAS

El sábado era el gran día de la escuela. Como no había clases por la tarde, inventé que nos quedásemos a jugar y que almorzáramos allí. Al efecto, me hice el furriel y durante toda la semana recolectaba la vitualla. Unas niñas me traían arroz; otras, carne; otras, manteca; otras, tomates; otras, pan; otras, plátanos; otras, frutas, ajos, cebollas, aceite, vinagre... Cuando se terminaba la clase eso era un festín. Íbamos a buscar la leña por los alrededores para *juntar la candela*. Hacíamos dos o tres fogones con piedras grandes, y cuando *la candela* estaba lista, nos poníamos a cocinar. Entre tanto que el fuego se hacía, unas pelaban las papas, quien lavaba el arroz o picaba menuditos los aliños o salpimentaba la carne. En fin, la fiesta más ingenua y más viva. Después, cuando todo estaba guisado, venía el banquete sobre el césped que había a un lado del pozo. ¡Con qué bullicio devorábamos los manjares! Cuando se terminaba la comida, íbamos a divertirnos. Casi todos los juegos eran improvisados. Veamos uno...:

En las escuelas de entonces no había ningún material adecuado. Bancos de madera para las clases; un hule clavado en la pared, que servía de pizarra; algún que otro mapa; libros, muchos libros, para aprender de memoria las lecciones. Y sobre todo, aquellos inolvidables — eternos[lxxii] carteles— clavados en la pared, acá y allá que decían: *Aplicación, Unión, Orden, Docilidad*, etc. Había gran cantidad de taburetes de cuero, de todos los tamaños, y para todas las tallas, predominando los chiquitos, donde cada uno se sentaba a la hora de las labores o a la que no era de clase colectiva. [Pues bien], yo dije un día:

—¡Vamos a jugar al ferrocarril! ¡Yo soy el maquinista!

En seguida respondieron todas:

—¡Vamos! ¡Vamos!

Y empezó a organizarse el juego. Cogí aquellos taburetes y los fui colocando en progresión, primero los grandes; luego los más chicos —inclinados todos unos sobre otros y descansando en el primero, que era el más grande, y que estaba a plomo en el suelo—. Ése era mi puesto: el de maquinista. A mi voz de:

—¡Viajeros al tren...!

Del revuelto montón de chiquillas salía el orden. Cada cual, corriendo, iba a ocupar uno de los asientos que formaban la ringlera. Cuando todas estaban en su puesto, partía [la locomotora]. Yo, con la voz trataba de imitar los sonidos de ést[a]. Al partir: *¡Pu! ¡Pu! ¡Pu! ¡Pu!*, [que] eran los pitazos de despedida; después, el sonido del vapor que sale, era: *¡Cha! ¡Cha! ¡Cha! ¡Cha!*, y simultáneamente con esto, imitaba otro sonido, el de las ruedas del tren: *¡Ro! ¡Ro! ¡Ro! ¡Ro!* Al parar en el camino, era la campana la que se oía: *¡Clan! ¡Clan! ¡Clan! ¡Clan!* Estas voces imitativas eran coreadas por todo el pasaje. Al mismo tiempo que el tren andaba, los pasajeros producían una especie de movimiento rítmico con sus taburetes, que nos daba[ ] la sensación acabada, de la marcha. [Ese día], de repente, cuando todo el mundo iba muy ufano, zafé la silla primera, base del conjunto, y... ¡Se descarriló el tren! Todos[lxxiii] cayeron al suelo, y saltando y riendo se levantaron después. ¡Yo no podré olvidar nunca la primera vez que les di la sorpresa! ¡Ese ha sido uno de los triunfos más ruidosos de mi vida!

Otro de los juegos que más nos hacía gozar era el de los soldados. Organizábamos, —mejor dicho, organizaba *yo*—, el regimiento. Éramos de infantería. No faltaba nada en él. Teníamos muchos oficiales, una gran banda de cornetas, cantinera... Los fusiles eran largas astillas de madera. A veces, los días de muchos ingresos en las filas, faltaban las armas para todos, y entonces arrancábamos los postes de la cerca del patio, para completar los armamentos. Unos días nos concretábamos a hacer meros ejercicios, pero otros eran de *Gran parada*, y en ellos agotábamos todos los recursos de la fantasía para quedar lucidos. La banda, sobre todo, nos hizo célebres. Era pintoresca, y deliciosamente imitativa. Hacíamos los cornetines con cañas bravas y embudos de papel cartón; los tambores eran los *tabureticos* colgados al cuello de los músicos. Con peines envueltos en papeles de *planas* viejas, dábamos otras notas distintas. A mí se me ocurrió tocar el trombón, y con un paraguas viejo, que abría y cerraba al compás de la marcha, parecía un auténtico trombonista. Así, íbamos ufanas por las calles y plazas cercanas, arrancando las risas de los transeúntes, que se detenían a contemplarnos, y haciendo salir a ventanas y puertas al vecindario, escandalizado por nuestra musical algarabía.

(4)

DE ROMERÍA

En éste, que era el día de los juegos, estaba indefectiblemente en casa, pero en los demás, sólo cuando quería. La mayor parte de las veces marchaba de visita a las casas de las condiscípulas. Observaba cuáles eran las ausentes del aula, y a sus casas me iba. ¡Con que gusto me saludaban en todas partes, al llegar, con un alegre:

—¡Es Emilia, mamá!

Allí permanecía a mis anchas, retenida por ellas, cuando, temprano intentaba volver a la mía. Cuántas veces me cogió[lxxiv] en la visita, diluvial aguacero, con harto regocijo mío, porque al volver a casa podía gozar el inefable placer de chapotear en el agua corriente de nuestra calle-camino [real]. Andaba a lo largo de todo él, con mis pies descalzos, zapatos en mano, y en la otra, la falda recogida, desflecando con mis pies contentos las cascadas turbias que rodaban por las vertientes de la hondura.

Y de noche, en las noches oscuras y de alto cielo, lleno de luciérnagas suspendidas en el espacio, cómo me divertía cazando en el guanal cercano las veinte mil luciérnagas que volaban en él. La caza de los cocuyos era prolija. Cogía el primero, haciendo ese ruido tan característico del trémolo con los labios. Después de cogido éste, lo amarraba en mi pañuelo blanco, para que hiciera de señuelo, moviéndolo en el aire, cual si el cocuyo volara libre. Al sonar de los labios, otros cocuyos venían. Y venían tan bajo dirigiéndose a la mano brillante, que a un movimiento de la otra los tiraba al suelo y los cogía. ¡Con qué afán coleccionaba cocuyos! Cuando era tarde, mi madre me llamaba a dormir, pero la noche que yo me proponía cazar un número determinado de ellos, era en vano, pues siempre respondía:

—Espera un momento. Espera, que allá voy. Espera, que quiero cazar veinticinco[lxxv].

(5)
LOS EXÁMENES

No obstante esa vida zahareña, la vez que yo estaba de juicio nadie me ganaba a ser juiciosa. En ocasiones me pasaba las noches a la luz de la lámpara, estudiando, mientras que mi madre preparaba sus clases para el otro día, sentada frente a mí. ¡Con cuánto orgullo contaba y re-contaba mis libros! ¡Eran veinticinco! *Geografía, Historia, Gramática, Higiene, Economía Doméstica; Fleury, Catecismo*; libros de lectura: *de Mantilla, de Guiteras, Fábulas de Iriarte, de Samaniego, de Aurelia Castillo*. Sobre todos me gustaba el libro *de Mantilla*. Casi lo amaba. Allí aprendí de memoria un trozo del *Poema del Cid*, que me encantaba...; allí también, aquello de "*moza tan fermosa*" y eso otro que decía: "*noche azul ciñe la tierra/ ilumina el firmamento blanca luna/ manso viento mece el bosque en lento son*".

Siempre me gustaron los libros que enseñaban con palabras bonitas; los párrafos de rotunda construcción. Gozaba repitiéndolos en alta voz. Los aprendía sólo de oírlos leer o estudiar a las condiscípulas, al vagabundear por la clase; pero nunca supe escribir con buena letra, y menos con buena ortografía. Mis planas no se podían leer, tachadas, llenas de borrones, y las líneas eran unas *garambainas*. No sabía sumar y menos dividir. Todo lo que requería reflexión y empeño, me era negado.

Cuando estaba de buenas, me levantaba al amanecer y me vestía de prisa con objeto de ayudarle a mi madre en lo que pudiese, a tomar las lecciones de memoria, o a repasar a las chiquitas las cartillas y el *Catón*. Algunas veces, pasaba las lecciones a cambio de galleticas, y otras tantas me quedaba una gran inquietud por haber faltado con ello. Pero muy pronto volvía a mi vida andariega, que nadie me estorbaba. Mas cuando venía la época de los exámenes mi madre me llamaba a capítulo diciéndome, muy seria y muy dulce:

—Emilia, ya se aproxima la temporada en que hay que estudiar. Vienen los exámenes y no sabes nada, y la hija de la maestra debe quedar mejor que las otras niñas. Así es que ahora, a estudiar con juicio.

Entonces me volvía asidua concurrente a los bancos de la clase, y en poco tiempo recuperaba todo lo que había perdido. Llegado el momento de la prueba, no había quién me echara el pie delante.

Después de los exámenes me invitaban a que recitara versos. Y me acuerdo muy bien del rudo alcalde de barrio, presidente de la mesa, y de los dos vocales —padres de familia, campesinos— cómo bajaban los ojos tristes y al fin les rodaban las lágrimas oyéndome aquellos versos de Luisa Pérez [de Zambrana][lxxvi], que mi madre me enseñó de memoria, cuando era muy chiquita allá en nuestro Maraguán, mientras [ella] dormía en las piernas a mis hermanos, al compás del balance mecido. Me han contado que era muy cómico cuando empezaba a decir los versos, moviendo el cuerpo a un lado y a otro para marcar su ritmo, pero que luego —poco a poco— me aquietaba, enseriándome hasta llegar a una expresión de emotividad tan grande que conmovía. Eran así:

> En medio de esta paz tan lisonjera,
> Que nunca turba doloroso invierno,
> No sé porqué de mi alma se apodera
> Siempre un recuerdo pesaroso y tierno

Un recuerdo tan grato como triste,
Que convida a llorar, pero no abruma
Un recuerdo tan grato que se viste
 De aromas, de celajes y de espuma

Que traen de un río el amoroso ruido,
Que traen de un bosque la amorosa sombra,
Cuyo rumor, dulcísimo me nombra
Algún pasado que me fue querido.

      (…)

(6)

MI ABUELITO

    Recibió mi madre una carta, y a su lectura, la faz demudada, cayó en un dolor y en un llanto tan grande, que me hizo mucha impresión, pues fue la primera vez que la vi tan afligida. Era por la noticia de la muerte de mi abuelito. Durante meses y meses habían estado llegando informes de su gravedad y [de sus periódicas] mejorías, y el golpe definitivo, no por aguardado, era menos doloroso. Aquel pobre anciano, que desde hacía tantos años batallaba con la muerte (muerto en realidad para el mundo) fue un luchador denodado. De familia aristocrática, pero arruinada; padre de una larga prole, no había dudado abandonar a su mujer y a sus diez hijos para lanzarse a la revolución con las huestes de su pariente Joaquín de Agüero, en 1851. Después del combate de San Carlos, donde perdió a su hermano, el poeta Antonio María, pudo salvarse y arribar a la costa sur de la América del Norte, desde cuyo lugar pasó a Nueva York, teniendo allí noticias de que había sido condenado a destierro. En Nueva York[lxxvii] vivió muchos años, [y allí] trabaj[ó] en un periódico revolucionario que había fundado, [en el cual] firma[ba] sus escritos con el nombre de *El Solitario*[lxxviii]. El destino había sido rudo con él: durante el destierro, su mujer, —que era a la vez su prima—, había enloquecido, al verse sola y sin recursos, rodeada de una numerosa familia. Y loca, dejó muy pronto la vida. Su hija Brígida[lxxix], poetisa de grandes esperanzas, murió acabada por la tisis. Los mayores, Esteban, Francisco y Luis, permanecían como soldados en las filas insurrectas de [la guerra de] *mil ochocientos sesenta y ocho*. Los dos menores también habían muerto. Al volver, sólo halló tres huérfanos, bajo la égida de la primogénita, Ángela. Ya venía enfermo y consumido en el orden intelectual. Su dolencia acababa con su cuerpo y con sus facultades mentales. Así, temblón y tambaleante andaba de casa en casa dando clases particulares para ganarse la vida. De decadencia en decadencia llegó a postrarse, y entonces Ángela recogió sus días.

    A Ángela le tocó ser la madre de sus padres. Para serlo bien, permaneció soltera por voto expreso de su fidelidad. Asistió a su madre en la locura y en la muerte, y a su padre, como [a] un niño de pechos. ¡Buena, incomparable mujer, llena del genio de la bondad y del deber! (¡También era poetisa!) Ángela recogía por las mañanas, de las casas de los ricos, lo necesario para sostener la vida de su padre, y por las tardes lo cuidaba, lo aderezaba y lo paseaba en su silla de ruedas de octogenario paralítico. Mi abuelito, aunque había perdido el habla casi por completo, conservaba la lucidez y hasta creo que se le había afinado cierto sentido de clarividencia profética. Yo me acuerdo muy bien que cuando me acercaba a él, me miraba fijamente, y me bendecía con su voz balbuciente. Abría su manaza trémula sobre mi cabeza, abarcándola en ella, y tanteándo[la] con los dedos como para reconocerme, y me decía:

    —És... ta... es... la... hi... ja... de... Con... cha...

A mi tía Ángela le hablaba de visiones luminosas y de visitas etéreas, y de conversaciones milagrosas con seres que nos describía difícilmente y que no conocíamos. El ritornelo casi perpetuo de esas confidencias eran los destinos de Cuba. Por esto pensábamos que mi abuelito había entrado en el cielo muchas veces, antes de morirse. Así, bebía *El Solitario* su sopa de limosna todos los días. Y cuando murió, aquél que se sostuvo durante veinticinco años de la caridad pública, dicen que tuvo un entierro de príncipe. Las *Sociedades* camagüeyanas de abolengo, se disputaron el honor de costearlo. ¡Qué carroza funeral! ¡Cuántas coronas! ¡Cómo acudió el pueblo al entierro! ¡Y la música! ¡La música! —me contaban los primos—. ¡Los primos!... Él cumplió como bueno. La vida le fue cruel. Ahora está allá arriba, sentado entre los justos por los siglos de los siglos.

(IV)

LA AUTONOMÍA

(1)

AURORA DE LIBERTAD

Brisas de libertad se levantaban, y mi padre, devoto, convencido autonomista, con el entusiasmo de aquellos tiempos, necesitaba compartir sus ideas y sentimientos con mi madre, y consultarle y leerle, en la intimidad, sus artículos y discursos, [los] que por su patriotismo y su espíritu batallador —a pesar de su absoluta sordera y de su palabra ambigua y torturada— se permitía leer en público, cuando en el Teatro «Principal»[lxxx] se celebraban asambleas patrióticas. Al reclamo de éste, mi madre renunció [a] su escuela al instante, y nos pusimos en camino para Camagüey.

La ciudad presentaba un aspecto jubiloso, más en el ánimo de sus moradores que en lo relativo a exteriorizaciones populares. Al fin, tras largos años de brega, el gobierno de España pareció oír las quejas de los oprimidos cubanos, y ofreció reformas gubernamentales a la colonia. Se agitaba la opinión de los hijos del país alrededor de dos ideas fundamentales: radicales unos, conservadores otros, contrastando sus criterios con el de los españoles avecindados en la isla, a los cuales pudiera aplicarse muy bien el epíteto de reaccionarios. Denominábanse —en síntesis— cada partido [de éste u otro modo]: Separatista, Autonomista y Unión Constitucional. Descontando el último de nuestra consideración —no por su insignificancia, que, al contrario: preponderaba su influencia en España, haciendo inclinar la balanza de la actuación ultramarina— sino por motivo de brevedad, (puesto que no he de hacer aquí una historia política) hablaré sólo del júbilo cubano y de las aspiraciones de libertad de nuestro pueblo, tal como aquellos hechos aparecieron a mi conciencia de niña. Los separatistas, hombres de lo más notable del país, donde se contaba casi toda la juventud entusiasta, deseaban lo que por los autonomistas era considerado como una aspiración utópica. Al grito que, desde el fondo del alma ellos lanzaban: ¡Cuba libre!, respondían otros en el corazón de los autonomistas: ¡Imposible! ¡Prematuro! ¡Loco! Cuba se había desangrado en la epopeya del *sesenta y ocho*; sus riquezas se hundieron; se paralizó, en lo más florido, el desenvolvimiento de su progreso. Y deshecha su raza, que con su sangre santificó la causa de la libertad, vino a quedar en las almas la desgarradura de los sacrificios inútiles. No obstante, todo era entusiasmo en el legendario Camagüey.

La libertad de la prensa daba alas a los ensueños, y dos periódicos —paladines inolvidables— eran los propulsores de la opinión: *El Pueblo*, órgano de los autonomistas, que dirigía un abogado joven, y ya ilustre, de antigua prosapia española, pero hijo de mujer cubana, Luis Villardel [y] *La Tribuna*, heraldo del liberalismo más alto, más sincero, más convencido, que dirigía un hombre de singular talento periodístico Luis Carbó.

Época fue aquélla, de blancura de armiño, en la cual los cubanos no soñaban con una república, [que fuera la] primer[a] potencia del oro en el mercado universal, sino con una tierra libre que marchara a la cabeza del progreso por su fuerza psicológica, por su alteza en la concepción de los grandes ideales, por el empuje de su magnánimo corazón.

(2)
MAURA[lxxxi] Y ABARZUZA[lxxxii]

Las Cortes españolas fingieron un acercamiento, inspirados por esa política ambigua y equívoca que siempre usaban con el país cubano. Maura, ministro de Ultramar, lanzó un programa de reformas, que en Cuba tuvo una resonancia grandísima; *mítines* en que los cubanos autonomistas contrabalanceaban sus opiniones; juntas en los hogares de los conspicuos donde se daba lectura, en camaradería franca, a los artículos y discursos recíprocos; proyectos de gobierno cercano, en que Cuba ostentaría su valer por medio de su representación nacional; esbozos de candidaturas ilustres para ese fin... Todo eso vi y oí en mi casa. Y como síntesis de aquel movimiento, la gran fiesta cívica, la cabalgata bulliciosa que se organizó, y que recorriendo el pueblo camagüeyano, hizo pública manifestación del regocijo patriótico, y del triunfo del partido[lxxxiii]. Aún me parece que la veo desfilar desde el Casino Campestre y el puente de[l] Hatibonico[lxxxiv] hasta el fin de la calle de la Reina[lxxxv], con sus gritos de ¡Viva la autonomía! Aún me parece ver sus grandes, blancos carteles y estandartes, llevados por los prosélitos, que gritaban: ¡Viva[n] Maura y las reformas!

¿En qué paró todo aquello? Bien es verdad que se vio, por un momento, aclarado el cielo de la patria; que lo denso de sus nubes tempestuosas pareció esfumarse para que se abriera paso el claro de la libertad.

[Hasta] mi madre, que era separatista radical, no obstante gozaba con aquella perspectiva que conceptuaba como un paso definitivo a la independencia, y nunca recuerdo haberla visto tan feliz, como aquella vez que vio publicado en *La Tribuna* su romance, que en la guerra del *sesenta y ocho* le envió a Luis Victoriano Betancourt[lxxxvi], el poeta guerrero, con unos anzuelos, los cuales había encargado él desde las riberas del río Sevilla, con objeto de pescar en sus márgenes algo con que matar su hambre *mambisa*, exacerbada en aquella ocasión con la carencia de todo recurso. Romance, que comenzaba con una frase, que sólo en aquella época de contemporización pudo ser lanzada por la prensa cubana:

¡Oh, morador del Sevilla,
Luis Victoriano del alma!
Las brisas de Cuba libre
Trajeron a Cuba esclava
Los melodiosos acentos
De tu sentida plegaria

¡Algo era aquello: libertad de imprenta; libertad de pensamiento...!

Yo, por mi parte, me acuerdo que, queriendo disfrutar también de las prerrogativas de los grandes, con una arrogancia infantil, cantaba [a] voz en cuello el himno ferviente de Ignacio Agramonte, y que, cuando el canto profería las palabras más acusadoras para España, por un instinto de conservación, me decía interiormente:

—Ya los españoles no castigan, porque se canten estas cosas.

Y entonces, la frase siguiente, —más acusadora aún— la entonaba con mayor energía.

¡Cayó el Gabinete de Maura, y con él, las reformas! Un nuevo ministro, Abarzuza, mantuvo la comedia, si bien es verdad que redujo a su más última expresión el proyecto de su predecesor.

Entre tanto, un loco divino agitaba las conciencias cubanas e hispanoamericanas. Orador de verbo ardiente, como el ideal que preconizaba; propagandista incansable y de éxitos positivos; *Cristo* de la redención de su país, (como Cristo escarnecido y vilipendiado por muchos) dio forma, al fin, tras largo batallar, a la revolución. Y los separatistas, los liberales, fueron a la lucha armada. ¡El heraldo de esta epopeya: José Martí!

(3)
UNA LECCIÓN DE PINTURA

Tras aquel resurgimiento de ansias reprimidas, y tras aquel fracaso inesperado, vino un período corto de aplanamiento y de inacción espiritual en la sociedad entera, tal como si se preparara a seguir otros rumbos. De nuevo se reanudó el interrumpido sosiego de nuestra vida familiar. Nuestra casa no había cambiado en nada [ya que] mi padre se quedó en ella durante la permanencia de nosotros [allá] en la aldea, y todo se hallaba intacto.

Alguna que otra vez se iniciaban entre mis padres conversaciones sobre sus hijos: nuestra educación, nuestro carácter, pero sobre todo, trataban de mí porque mi edad ya exigía este género de preocupaciones. Una ocasión recuerdo que interrogó éste a aquélla cuando se le presentaba el problema de mi porvenir:

—¿Quieres que la enseñe a pintar?

Mi madre acogió con entusiasmo la idea, la cual había acariciado desde mucho tiempo antes, pero que no había osado ni siquiera traslucir, dudando de su éxito por mi modo de ser inquieto, y por el más inquieto aún de mi padre. Pues bien: para hacerme pintor, al siguiente día me prepararon mi caballete, mi tablero en él, donde había sujeto blanco papel para el trazado de líneas. Me pusieron *magistralmente* en la mano, un lapicero con su carboncillo, indicándome que imitara ciertas líneas convergentes y divergentes, en forma de zigzag, que en él había trazadas como muestras. Yo hice tal y como me indicó mi padre hasta llenar el papel clavado en el tablero. Cuando estuvo terminada la labor lo llamé, y me volvió a trazar otra serie de líneas horizontales, verticales, etc., para que las volviera a copiar. Entonces, protesté:

—¡No, señor! Yo no hago eso.

—Pues es necesario.

—No, señor, ¡yo no voy a pasar las horas haciendo rayas para arriba y para abajo! Yo quiero pintar flores y pájaros…

—¡No puedes pintar flores y pájaros desde el primer día!

—¡Pues yo no vuelvo a hacer eso tan feo!

Él me volvió la espalda y se fue, pensando sin duda que le obedecería. Yo, con mano segura, planté en el medio del papel una flor del tamaño que pude, y me entretenía en añadirle pétalos y pétalos; y hojas y botones… Cuando consideré que la flor estaba concluida, en la parte superior le dibujé el cielo, y las nubes, y pájaros que pasaban. Cuando más ufana me divertía con mi obra, oigo una voz que, súbita me interroga:

—¿Qué es eso? —Temblé de pies a cabeza. Y mi padre [entonces] exclamó, dirigiéndose a mi madre, que estaba lejos—: ¡Concha!… ¡Concha!… Allá va tu hija, que nunca ha de servir para nada. —Y me despidió con un cogotazo[lxxxvii]. Ésta fue la primera y la última clase.

(V)

ALTAGRACIA

(1)
VIAJE CAMPESTRE

Pasaban los meses en esta actitud nacional a la que antes me refería, la cual de aplastante, se convirtió en expectante. Deseosos mis padres de descansar del tráfago a que habían estado sujetos [durante] los últimos tiempos, decidieron marcharse a Maraguán, y tras breve temporada en la finca, mi madre pidió al Departamento de Instrucción Pública una escuela en un lugar de campo, con objeto de vivir retraída y de trabajar al mismo tiempo, consolándose con el trabajo, de las desilusiones patrióticas. Y para ella, crearon una escuela en un pueblecito llamado Altagracia, adonde nos trasladamos inmediatamente.

¡Oh, aquel viaje a través de las fértiles llanuras de mi país, surcadas por arroyuelos rumorosos, mansos, a veces como un hilo de agua que se corta y aposenta en las hondonadas; a veces desparramado y frágil en la misma llanura corriendo sobre la hierba; aquella umbría de las largas veredas, donde canturreaban los tomeguines y *los mariposos*[lxxxviii], y donde el tocororo[lxxxix] da su gutural acento; alguna que otra vez la ceja de monte cerrado; luego el claro del camino que se abre en un extremo; sólo muy rara vez un río muy caudaloso, y las lomas de verdor brillante en la lejanía! ¡Aquel chirriar de las ruedas de la carreta faltas de jabón...! ¡Aquel cantar del carretero, a cuyo son halaban los bueyes, acompasados...! ¡Aquella melodía de la voz...! ¡Aquella voluptuosa tristeza de la trova guajira!

> Con un cocuyo en la mano
> y un gran tabaco en la boca
> un indio, desde una roca
> miraba el cielo cubano.
> La noche, el monte y el llano
> con su negro manto viste,
> del viento al ligero enviste,
> tiemblan del monte las brumas
> y susurran las yagrumas
> mientras que [él] suspira triste...[xc]

(2)
¡FUEGO! ¡FUEGO!

Provisionalmente tomamos una vivienda, como todas, de guano y tablas de palma; amplia, alta, fresca. Lo más encantador en ella era el patio. ¡Cómo me levantaba todas las mañanas y antes de tomar el café me iba al jardín! Una mata de *rosas de Borbón*, la más perfumada de todas las rosas, abría por las mañanas entre su verde intenso, cuajado de rocío, una flor que era un asombro. Esa rosa, era mi obsesión. Me dormía, pensando en ella, [aún] en botón, y al abrir los ojos me asaltaba su imagen. Me tiraba[xci] de la cama, con los pies por el suelo, y me iba derecho a ella sólo por verla abierta.

Era por entonces, cuando yo estaba en el apogeo de mi infantil travesura. No encontraba ya, qué hacer, ni cómo emplear mi actividad. Cuanto se me ocurría lo realizaba sin encomendarme ni a Dios ni al diablo. Andaba una tarde con una caja de fósforos, y tuve la tentación de encender unas briznas del techo de la casa, las cuales estaban al alcance de mi mano. Me gustó verlas arder, pues daban un fuego muy vivo y chisporroteante. Seguí encendiendo con mesura el alero, pero cada vez que encendía un trecho, lo apagaba, no dejando seguir adelante las llamas. ¡El placer era tan efusivo! ¡Tan intenso! Mas, cada vez, con el área encendida, que iba creciendo y creciendo, crecía mi emoción, y yo dejaba aumentar el fuego, en la confianza de que —llegado el momento necesario— lo apagaría. Y llegó uno en que fui inútil para sofocarlo. Probé con manos, piedras, tierra; arrojé todo lo que estuvo a mi alrededor, y el fuego crecía, crecía, crecía. Entonces me pongo de un salto en la calle, y con las manos en la cabeza grito desesperadamente:

—¡Fuego! ¡Fuego! ¡Socorro! ¡Auxilio! ¡Que se quema la casa!

Mi gente escuchaba el escándalo, pero como ya me conocían, estaban impávidos imaginando [que se trataba de] fingimientos míos. Pero al frente [de la casa] en un puesto de la Guardia Civil, al oír los clamores, se lanzaron a la calle y al ver nuestro techo arder, corriendo, se treparon en él y rápidamente apagaron las llamas, que ya subían a las yaguas del caballete.

(3)
ALTARES DE CRUZ

Llegó el mes de mayo. El mes de mayo es una maravilla en el campo. Enloquecedor de vida, de calidez, de color, de perfume y de armonía. Luz de los cielos; verde de los campos; policromía de las flores y de las frutas; lluvias torrenciales; noches de negrura insondable, alta y serena, donde parpadean con más brillo que nunca: azules, rojas, violetas las luces del firmamento. ¡Y para festejar esta orgía de la naturaleza, los *Altares de Cruz*! Eran los *Altares de Cruz* algo simbólico. Acaso, porque en el cielo la cruz que los campesinos llaman de mayo, en este mes se endereza, en su honor se celebran *los altares*. [Son estos unos] altares en cuyo vértice una cruz se ostenta. ¿Cuál es su ornamento? ¡Flores y frutas! ¡¿Cuántos *altares* vi!? ¡Muchos! No me acuerdo del número, pero sí recuerdo cuál fue el primer altar que contemplaron mis ojos.

Apenas fue de noche, un tambor, un guayo, un acordeón, y el repiqueteo de las varillitas de palo de marfil, armonizados, daban al aire sus sones. De rato en rato, se añadía a su sonido el tierno y sencillo canto criollo, ora de voz de mujer, ora de voz de hombre. Nuestro bohío daba, lateralmente, a una gran plaza de la cual salía el bullicioso *guateque*. Para oírlo mejor, me senté a una de las puertas de ese lado. Pasaba así el tiempo, mientras que yo, en la soledad, escuchaba las endechas. No sé cómo fue. Lenta, pausadamente, paso a paso, me fui acercando al lugar de donde procedía el sonido, deteniéndome a cada movimiento de avance largo tiempo, temerosa de lo que estaba haciendo, y temerosa de que se notara mi ausencia en la casa. Medio acobardada, pero alejándome de ella, sin embargo, cada vez más, seguía hacia delante. Y al cabo, fui a parar a la puerta misma del festín. ¡Lo que vi entonces! Frente a la puerta, blanco —blanquísimo— y con una cruz de remate blanca también, hecha de azucenas, el altar! Todo sembrado de luces. Las velas de cera virgen en botellas vestidas de papeles de colores, cortados en forma de finos flecos. En botellas, también enflecadas, los ramilletes de flores. Flores de todas clases, tamaños, perfumes y colores, amén de las otras, que dispersas [y] alternando con las frutas, se esparcían por todos los peldaños. ¡Qué lujo de color y de fragancia! El rojo de las ciruelas; el amarillo de los marañones; el verde de las guayabas; el morado de los caimitos; el rojizo de las naranjas; el indefinido tinte de los mangos...

(4)
EL BAILE

Atónita estuve en la puerta del rancho no sé cuánto tiempo. Al fin hubo quien me viera, y conociéndome, me pidió que pasara; y tras esta persona, otra, y luego otra; hasta que formaron un cerco en torno mío: grandes y chiquillos, empeñados en que tomara parte en el jolgorio. Yo, que lo ansiaba demasiado, resistía a la tentación, —temerosa— porque había venido a escondidas, hasta que al fin, me colé en el baile. Cuando la danza cesaba, entonces el canto daba principio. [Al fin] me senté en la larga fila de taburetes que ocupaban los concurrentes al contorno de la pared del bohío. Así las cosas, no sé quién me dijo que cantara. Yo, al principio, con miedo, rehusé, pero tanto insistieron, que al cabo fui a sentarme en el grupo de los músicos, y canté. Canté una décima al son de mi *punto* favorito. Fue corto mi cantar, porque los guajiros se entusiasmaron tanto que me interrumpieron haciéndome una ovación. Yo no sé, qué pasaba por mí. Con aquel triunfo estaba como electrizada: no oía, no veía; me encontraba como suspendida en el aire. Empezó la danza: *El zapateo*[xcii]. Vinieron distintos muchachos y muchachas a pedirme que bailara, unos con meros ruegos; otros en la forma típica con que esto se hace cuando se inicia ese baile. El *invitador* da unas cuantas vueltas haciendo figuras delante de la persona invitada. Si ésta acepta, se pone de pie y continúa el baile. Pero yo estaba resuelta a no bailar, no obstante los reiterados compromisos. Hasta que vino José Trujillo, un rapaz que yo conocía como la palma de mi mano, porque era el aguatero de casa.

¡Ah, José Trujillo era un muchacho muy simpático! De cara inteligente y melancólica a la vez. Prieto, muy prieto. Tenía el pelo negro, muy negro. Los ojos más negros que el carbón. Delgadito, delgadito. Rápido de movimientos. Su indumentaria en aquel instante era la de siempre: pantalón largo, *chamarreta*, sombrero de guano —ripiado— y todo él del color rojizo con que se teñían allí las cosas, pues la tierra del pueblo era colorada.

—¡Vamos a bailar, Emilia!
—No, yo no bailo
—¡Que sí!
—¡Que no!
—¡Que sí! —suplicante.
—No, que me regaña mi padre si lo sabe. —Muy *apasito*— Vine sin permiso.

[Pero él] siguió rogando, y yo, que tenía por gusto bailar más de lo que se figuraban, al fin salí. Y confusa entre el montón de parejas, me divertía, mientras que él me hacía sus figuras con el sombrero en la mano, y la cara llena de risa. Cuando, de repente, siento que me agarran con fuerza. Vuelvo la cara..., y me doy frente a frente con mi padre. ¡La tierra se abrió a mis pies! Muda y fría, no tuve qué decir, ni que hacer. Mi padre tampoco me dijo una palabra, pero me cogió por una oreja y me sacó del baile.

¡Oh, la primavera de mi vida! ¡Altagracia, alegre y brillante, cómo se enloquecen mis ojos si te miro en el recuerdo! ¡Así, caserío pobre y olvidado, abierto a pleno sol, junto a murmurador arroyo de aguas turbias, sobre la llanura siempre fértil! ¿Adónde se han ido tus aledaños palmares; las verdes cañas dulces de tus abiertos contornos; tu campesina gente y mis deliciosos primeros años?

(V I)

VICENTE

(1)
VICENTE

Aquellos eran los tiempos en que el oro huía de Cuba, pero en que la vida se deslizaba fácilmente. Compraron mis padres una casita sólo por veinticinco pesos, que era una verdadera joya campestre. ¡Qué ufana se destacaba la casita blanca de mis padres! Las palmeras dieron sus tablas para las paredes, y los guanos de cana sus pencas para cobijarla. No había a su lado vivienda alguna, ella sola entre la sabana [que se extendía] a derecha e izquierda, reposaba su blancura. Y al fondo, el bosque del patio, entre cerca de piñones[xciii] florecidos. Recogió por ese tiempo mi madre a un muchachito, cuyos padres eran muy pobres, y desde entonces tuvo mi infancia un compañero de juegos. Era éste, medio hermano de José Trujillo.

Pálido era Vicente, descarnado, con el pelo largo [y] la dentadura, ¡tan blanca...! Y [en los labios] una sonrisa entre burlona y cándida. Se vestía con largos calzones que le llegaban a los pies, cayendo en flecos sobre sus zapatos rotos hechos de vaqueta amarilla; guayabera que hasta por debajo de las corvas le caía —tal como si se vistiera de ropa desechada por una persona mucho más grande que él—; sombrero de guano raído, y todo él bajo el velo del polvo de la tierra, con un tinte entre bermejo y pardo.

Las mañanas se alzaban y las tardes caían, y nosotros jugábamos... Jugábamos... Del frutal de la casa, éramos Vicente y yo los rapaces. Vigilábamos la amarillez de las frutas del tiempo, semiocultas entre las ramas. De mangos y ciruelos[xciv] era casi todo el plantío, y a su sombra, en trozos de madera —redondos y ahuecados— las abejas fabricaban su miel de campanillas primaverales. ¡Cuántas veces la fruta que se desprendió del árbol, importuna, y cayó sobre una caja, las hizo volar inquietas y a nosotros nos puso en fuga, temerosos de sus ponzoñas! ¡Cuántas veces, furtivamente, menguamos las colmenas! Mientras yo ahuyentaba al fondo de los panales el enjambre, con el humo de una penca de guano, él, con los dedos voraces arrancaba el panal. ¡Cuántas veces trepaba a las copas de los árboles escogiendo las más grandes y sabrosas frutas, y yo subía detrás, [mas] sin poder seguirlo, me quedaba en las primeras ramas, recibiendo en el hueco de la falda las frutas que desde lo alto, él me lanzaba!

Una vez, hicimos un horno de carbón. Con astillas y pajas secas llenamos en camadas superpuestas, un hoyo que a punta de cuchillo cavamos. Después de cubrirlo con tierra prendimos fuego a la bóveda por un agujero que en el frente le habíamos dejado. ¡Con qué alegría volteábamos mañana y tarde, por turno, en su contorno, hasta completar las cinco salidas y puestas del sol durante las cuales —nos habían dicho— que los carboneros tenían el horno encendido. Y cuando lo apagamos, qué ir y venir con jarros de agua, desde el pozo cercano hasta nuestro horno... ¡Cómo nos empapamos y cómo nos reímos!

(2)
YO SOY EL BARBERO

Ya he dicho que tenía Vicente el pelo muy largo, y era por falta de pelado. Una vez se me ocurrió decirle:

—Yo soy el barbero… ¿Quieres que te pele, Vicente?

Él aceptó, y entonces emigramos a un flanco de la casa, y allí, bajo una frondosa mata de mangos le hice la tonsura. El tocador de mi madre me proveyó de todos los elementos que necesitaba, peine, polvos, agua de quina, toalla, jabón, unas tijeras, y [además] trajimos una silla sobre la cual pusimos un cajón para levantarla. Yo me encaramé en un grueso tronco que estaba en el suelo, para poder alcanzar [la cabeza de Vicente]. Él se dejó esquilar a mi albedrío. Las tijeras entraban y salían con una sabrosura grande en el pelo. La tierra, estaba alfombrada de sus vellones y nuestros cuerpos, cubiertos también de guedejas. Después que hice la primera esquila para desbrozar aquella maleza, fui cortando a punta de tijeras todo el pelo en el cerco de la cabeza, hasta dejarle sólo un bonete en la coronilla.

—Se acabó el pelado, ¿eh?

Vicente se quedó con las orejas sangrando y la boca riendo, y yo, satisfecha de mi obra, lo miraba con cierto orgullo familiar. Y [entonces] salió Vicente la primera vez a la calle. Iba sin sombrero, y se formó un escándalo.

—¿Quién te peló, Vicente? —le gritaban a carcajadas, y él, con su constante boca de júbilo, respondía:

—¡Emilia! ¡Emilia!

Yo, que escuchaba el diálogo, me desesperaba, y él se reía, siempre se reía. ¡Estábamos en ridículo! Cuando volvió a casa cómo le grité, levantando las manos en actitud desesperada:

—¿Por qué [les] dices que yo te he pelado? ¿Por qué [les] dices que *yo*, te he pelado?

Y él, se reía… Siempre se reía.

(3)
LOS CABALLITOS

Cierto día, habiendo ido a dar un *paseíto*, vine muy contenta con la noticia de que acababa de llegar un circo de caballitos, y que se estaban instalando en el patio de la fonda de don Macario, un hombre que tenía a sus hijos en la escuela de mi casa. Añadí a la noticia la súplica de que nos llevasen a la función. Desde el primer momento, mi madre me dijo que no podía ser. ¡Que esas funciones eran caras, y que, por el instante no había dinero! Yo no dije nada más, pero me quedé pensando en los caballitos.

Al otro día, Vicente y yo nos dimos una huida con el fin de ver la instalación de la gran tienda de campaña, que nos tenía sorbido el seso. Y vimos, además de la tienda, y desde muy lejos, las jaulas de las fieras; los caballitos liliputienses [y] [a] una muchachita de mi mismo tamaño [a la] que yo miraba con asombro y envidia. Era la hija del payaso y traía unas panderetas que [hacía sonar], a más y mejor. En general, oíamos decir que los títeres eran magníficos. ¡En una palabra: que con esta visita se nos avivó aún más el deseo que teníamos de ir a la función!

De vuelta a casa, conté a mi madre todo lo que había visto, y otra vez, rogué que nos llevaran. Otra vez me dijo [ella] que no había dinero. Y entonces, yo le respondí campante:

—Por eso, no... Porque dice la mujer de don Macario, que como es su casa, podemos *ir sin pagar*. Que ella lo arreglará.

Tan sólido fue el argumento, que mi madre me dijo:

—En ese caso, pueden ir, por mi parte[xcv]. Ahora hay que decidir a tu padre a que los lleve. Ya sabes, que a él le gusta recogerse temprano, y que es enemigo de esas andanzas.

Empieza entonces, la campaña por convencer a mi padre para que nos llevara. Éste, después de mis sonrisas y de mis ruegos para conquistarlo, —y hasta de mis lágrimas— se decidió. ¡Cuántos gritos! ¡Cuántos saltos! ¡Cuánta alegría! Quedó decidido que esa misma noche íbamos a ver a los titiriteros.

¡Todo lo arreglé! [Hasta] invité a una chicuela del barrio, que se apareció [luego] por la tarde, muy temprano: bien emperejilada. Con el último bocado de la comida [aún por tragar], vestí a mis dos hermanitos. Yo me puse mil perifollos. ¡Vicente estaba listo desde las tres de la tarde! Cuando llegó la hora y nos pusimos en camino, todos marchábamos felices. Yo no caminaba, sino [que] resbalaba en el aire. Los tamboriles que se oían desde lejos, nos retumbaban en el corazón. La cháchara, era animadísima.

Llegamos. Las luces de los candiles y de los hachones... Los porteros, vestidos de casacas de colores... ¡Aquello no tenía precedente en mi vida! Pasamos [dentro]. Yo fui la primera. (¡Tan oronda!) Después los otros, en fila. Y cuando llegó el último, que era mi padre:

—¡Las entradas...! —dice el portero.

Al gesto, [mi padre] sólo responde dirigiéndose a mí:

—¿¡Emilia?! —Y cuando estuve junto a él...— ¿Tú no me habías dicho que la señora...? Hasta entonces no había vuelto yo a pensar en ese problema. Repetí mi afirmación muy amoñada. Mi padre comprendió que estaba en el vacío. ¡Mis pobres orejas las pagaban siempre! Y así, volvimos a casa los cinco pobres muchachos, en silencio y mohínos.

(4)
EL PACIFICADOR[xcvi]

Así el tiempo transcurriendo, las cosas se desarrollaban en otro sentido. Era en el verano de 1895. Ráfagas de tempestad azotaban el cielo. Todos los corazones cubanos esperaban un momento, el que tan pronto parecía acercarse como retardarse, para los ansiosos espíritus. Altagracia, alegre y brillante, se había recogido en un mutismo de temor e incertidumbre. Cruzada por el histórico ferrocarril que va desde Camagüey a Nuevitas[xcvii], el incesante ir y venir de los trenes militares llenos de tropa —recientemente venida de la Península— tenía en constante intranquilidad a los pacíficos moradores de la aldea.

La infantil tropa pueblerina, siempre alerta a los pitazos lejanos que anunciaban la llegada o el próximo cruce de algún tren, a los menores indicios se congregaba en las cercanías de la línea para decirle[s] adiós, alborozada, a los militares viajeros, que con gritos bizarros respondían a la curiosa ovación de los muchachos del pueblecito. Aquellos inexpertos y bisoños soldados, pasaban entre nosotros con la arrogancia de la más pura alegría. Infelices, que llegaban a ofrendar sus vidas, bien en los campos de batalla, bien en los hospitales, víctimas de la fiebre amarilla. Y cruzaban con el rostro lleno de franca satisfacción, pleno desbordamiento de su vitalidad y juventud. Cruzaban, desgranando en el aire campestre sus frases graciosas y picarescas, y sus prolongados y chilladores *vivas*. Yo también, quería ir a ver pasar los trenes de soldados, y me contrariaba que mis padres —discretos, y mambises—, no me complacieran. Mas, recuerdo que alguna vez fui a la estación del ferrocarril que se enfrentaba a mi casa, a mirar su travesía.

Una mañana hubo, de gran regocijo en el pueblo. Desde muy temprano, se decía que pasaba por allí, en tren soberbiamente escoltado, *El Pacificador*. ¡Ah!, eso de *El Pacificador* me sonaba muy bien! Y desde el momento en que oí decir que se le aguardaba, sentí un ansia y una inquietud tan grande, que a cada cinco minutos decía:

—¡Papá, yo quiero ver a *El Pacificador*! Mamá, yo quiero ver a *El Pacificador*! —Y así [por el estilo], a todo el que veía le interpelaba—: ¿Oye, tú vas a ir a ver pasar a *El Pacificador*? Apenas se oyó el largo pitazo del tren en que se esperaba a Martínez Campos, ya no cupe más en mí, de zozobra.

—¡Vamos, papá, allí viene el tren! ¡Que se nos va el tren, papá! ¡Venga!

Hasta que al fin estuve parada en el andén del rústico paradero. Bien me acuerdo de la aproximación de aquella máquina que yo esperaba con tan vivo deseo. Los carros fueron pasando, deteniéndose al fin, [el tren] lentamente, en la plataforma del último de los vagones de pasajeros, una figura alta, elegante, fornida, con el aire del viejo tipo español: bigote y perilla —gallardo, recio— venía en pie. Aún me parece verlo. El traje azul, el pecho lleno de cruces, el gran sombrero de jipijapa con su resplandeciente escarapela española, formada por círculos concéntricos: rojos y gualda; el cabello gris; el bigote y la pera casi blancos; altos y recios pómulos; mandíbula inferior algo saliente. Vivo y ligero, como si tuviera veinticinco años, se lanzó entre el pueblo que lo vitoreaba, como al hombre que devolvería la tranquilidad al país agitado.

Altagracia en aquel día creció. Ese pueblo tan exiguo y tan casero parecía haberse multiplicado para ir a ver pasar a *El Pacificador*. Yo, en mi pequeñez, me estiraba, en primera fila entre los espectadores, recibiendo empujones, y de cuando en cuando, alguna expresión *inhibitiva* de mi padre, que estaba allí contrariado, sólo porque yo quería ver a *El Pacificador*. Yo sentía una inmensa atracción por el general, y no sé porqué, tal vez por la fuerza grande de

mi afinidad ingenua, que él vio en mi fisonomía y mirada anhelante, es lo cierto que al bajar del carro, frente a mí, se detuvo un instante sonriente, me cogió la barba entre sus manos y me dijo:
—¡Qué ojos tienes, morena!

Unos momentos estuvo entre la gente aquélla, y volvió a arrancar el tren, arrastrando en su movimiento mi vida interrogante.

Saltando y corriendo, llegué de vuelta a mi casa, y sin poder casi articular palabra —de contento— hice a mi madre el retrato vivo del general, diciéndole repetidas veces como un ritornelo, que me había dicho:
—¡Qué ojos tienes, morena!

Aquélla fue la primera vez que me celebraron los ojos, y era muy grande mi ufanía.

(5)
¡VIVA CUBA LIBRE!

Unos días después del paso de Martínez Campos, en una mañana de clarísima luz y ambiente tranquilo, sorprendió al pueblecito un acontecimiento inesperado, que con su novedad sostenía curioso y sobrecogido a su humilde vecindario. Uno de los frecuentes trenes pasajeros de tropa dejó en aquel lugar, hasta entonces aparte del peligro en aquella actividad hostil, un contingente de soldados que por primera vez pisaba tierra cubana. Los moradores de Altagracia estaban atónitos. Cuando las personas conocidas se encontraban en la calle o iban a las casas, de visita, su primer movimiento era mirarse, mudas, interrogantes, sorprendidas, y exclamaban por fin palabras sueltas que se resolvían en un ambiguo:

—¿Qué pasará? —Íbamos, de inquietud en inquietud.

Se distribuyeron los soldados en dos o tres sitios opuestos de la aldea, y en la estación del ferrocarril quedó el grueso de ellos. Desde el mediodía, el centinela comenzó sus paseos acompasados, fusil al hombro y bayoneta calada, a lo largo del andén. Y apenas fue de noche, aquel silencio virgen del poblado que [hasta aquí] sólo turbaba alguna vez la guitarra y la copla de amor del que rondaba junto al bohío de la novia guajirita, fue roto por otro acento solemne y triste que, de cuando en cuando se oía:

—¡Centinela, alerta…!

El pueblo velaba, esperando sobresaltado, algún suceso extraordinario en su presentimiento. Solamente dos noches consecutivas turbó ese grito la serena quietud del aire —grito que oigo todavía como se oye un acento lejano y que todavía tiene el poder de conmoverme—. Era el amanecer de la tercera. Con la venida del sol, luz de tragedia en el horizonte alboraba, y aquel pueblo iba a ser escenario donde la sangre corriera entre el incendio y la ruina.

—¡Centinela, alerta…! —gritó como una elegía la voz profunda, y por respuesta única sonó en el ámbito un estridente ruido, seco, largo, uniforme y ensordecedor. Después [se oyó] un:

—¡Viva Cuba libre! —[que era] como un clarín de fiesta.

Inquietos como estábamos, en las conversaciones de las veladas sugeríamos contingencias próximas. Así, nuestros ánimos estaban preparados para cualquier cosa que acaeciera. Al chistido[xcviii] de esta primer[a] descarga, como tocados por un resorte eléctrico, todos nos arrojamos de las camas al suelo, y, —fenómeno curioso— mi padre el primero. La falta de oído le había afinado tanto el sentido del tacto, que oía por la piel. Luego, más y más [se escuchaba el] crujir del aire atormentado por la violencia de las descargas de cubanos y españoles, confundidas en el aire. No había tregua para un momento callado. Sólo se oía aquel formidable traquetear del cielo o de la tierra, porque era imposible distinguir el punto de origen del estruendo, que unas veces parecía arrancar de las entrañas del abismo, otras sonaba como lluvia crepitante del espacio, otras simulaba arrancar del horizonte mismo —áspero y explotador— y todo se estremecía con un temblor universal como si el mundo estuviese preso de furia borrascosa. De improviso, todo cesó. Con intermitencia, un silbido largo y fino de bala transeúnte, se oía. Después, otro…, y otro…, y otro…, hasta que el silencio se hizo.

(6)

EL INCENDIO

Entonces levantamos nuestros atormentados espíritus con nuestros cuerpos, de la tierra. Estábamos atónitos, y en medio de este azoro de la existencia se nos apareció un nuevo espectáculo. La invasión de una chillería estruendosa y polifónica que lo llenaba todo, como antes lo llenó el estampido de los fusiles, y entre ella algún claro, estentóreo grito, ardiente y loco, de *¡Viva Cuba libre!* Más confiados a esto, y por los repetidos toques y llamadas que se hacían a la puerta de nuestro bohío, l[a] abrimos, todavía descalzos y mal vestidos, tal como nos habíamos lanzado de la cama al suelo cuando empezó el combate. ¿Para qué nos llamaban? Pidieron que saliésemos de nuestra casa enseguida para incendiarla. Salimos pues, como estábamos, porque nos apremiaban para que la abandonásemos.

¡Aspecto inolvidable el de Altagracia! Encendida toda ella, iluminaba el cielo hasta el mismo cenit azul, con su luz roja y magnífica. Tal y como el hombre atormentado por el dolor eleva la llama purísima de su alma al infinito, con anhelo de altura y de comprensión, así Altagracia, después de la tragedia de sangre llameaba como lámpara espiritual, ambiciosa de la consagración épica.

Salimos así, con los pies descalzos y el cuerpo mal cubierto. Vimos la luz de nuestra casa que ya ardía. En la llanura vecina nos detuvimos para darle los últimos adioses entre lágrimas y turbación, y emprendimos el camino, —en ringlera errante, cabizbajos y tristes— a ocultarnos dentro del bosque espeso todos los que entonces éramos, todos los que ya se han ido: padre, madre, hermanos… ¡Y anduvimos! ¡Anduvimos! De repente, mi madre dio un grito, [como de quien se acuerda de algo][xcix]:

—¡Los papeles de mi familia! ¡Voy a buscarlos! —exclama, y sin meditar un solo momento, vuelve [sus pasos][c] a la aldea. Nosotros [también sin pensarlo] la seguimos. Atraviesa con dificultad y peligro los escombros y ruinas de otras casas ya consumidas. Llega al fin, a la que era de nosotros. Atraviesa las llamas y desaparece a nuestra vista.

Sólo quedaba por [ser incendiado] el paradero del ferrocarril, el cual servía de [corredor, y propiciaba el] paso entre el pueblo y la llanura vecina, a los que [ahora] se alejaban. [Una vez] incendiado éste, [iba a ser imposible acceder] a ella [para quien se encontrara todavía en el pueblo, a causa del obstáculo que representaban] las fuertes alambradas, que a ambos lados del paradero se extendían, [junto a las paralelas]. [Alambradas éstas que] [ ] tenían por objeto resguardar la línea del cruceteo de las bestias[ci], que si transitaban [por ella], podrían dar ocasión a descarrilamientos[cii]. Un hombre de aspecto arrogante, alto, de cerrada barba negra, vestido a la usanza revolucionaria: chamarreta y pantalón crudo (salpicado de sangre), lustrosas polainas y sombrero de jipijapa, cabalgando en un potro moro que forcejeaba por marchar —en una mano las riendas, y en la otra levantada, un voluminoso revólver— se disponía [ya] a quemarlo disparando sobre una lata intacta de petróleo [que estaba] puesta sobre el andén. Al verlo, corro, y me detengo junto al blanco, gritando:

—¡No tire! ¡Mi madre está del otro lado!
[A lo que] él dice [dirigiéndose] no sé a quién:
—¡Quítenme a *esa muchachita* de allí, o le pego un tiro…!

Pero en aquél instante aparece mi madre en el andén, jadeante, llevando abrazada una gran cartera verde, donde tenía los papeles de su familia. ¡Versos de mi abuelo y de mis tíos! El hombre, era Mirabal, el bandido *generoso*, que desde largos años antes de la guerra robaba a los ricos y consagraba los fondos robados a la causa revolucionaria, según se decía de voz popular. Cuando estalló la revolución, se incorporó a las filas insurrectas[ciii].

(7)
EN CAMINO

Nuevamente emprendimos la penosa marcha. Huíamos azorados, al correr el rumor de que los españoles volverían bien preparados a tomar su desquite. Sólo por el grado de exaltación en que se encontraban los habitantes de Altagracia, hubieran podido admitir esa posibilidad, pues todo había terminado. La revancha estaba ya tomada, y fue por los cubanos, al ver morir inesperadamente al general *Paquito* Borrero[civ], que como jefe de Estado Mayor del general Máximo Gómez mandaba las fuerzas que tomaron a Altagracia. Tal ocurrieron los hechos: terminado el combate, cuando ya los cubanos se retiraban, cuando ya no se oía un solo disparo, salió de una casa privada un tiro certero que fue a dejar muerto, en el acto, al paladín negro. No se sabe quién privó de la vida al guerrero, si fue algún mal cubano o algún soldado español, oculto entre las casas, o algún peninsular civil, que vio su venganza asesinando a tal hombre, en cuyo porte se denunciaba un jefe de alta graduación. Es el caso, que el general Máximo Gómez, con la violencia que lo caracterizaba[cv], ordenó:

—¡Ahora, vuelvan a incendiar a ese pueblo de traidores! —Y se cumplió su mandato.

Pero los habitantes, aterrados ante la perspectiva de una batalla campal, nos alejábamos apresurados, empapando a veces nuestros pies en charcos de sangre; aquí tropezando con los heridos españoles, que nos pedían agua —en su sed de moribundos— o acá con un grupo de soldados que salía de la manigua a pedirnos informes de la derrota, a interrogarnos la orientación para volver al pueblo, o a suplicarnos algo que comer, si algo llevábamos. Y allá lejos, muy lejos, cuando divagaba idiotecida, diviso bajo un árbol un grupo de harapientos campesinos, porque una voz insinuante y fina me llamaba entre ellos:

—¡Ehhh! ¡Emilia...! ¡Emiliaaa! ¿Adónde vas con esos crespos cogidos? ¿Vas a algún baile? —Y la voz se reía... Se reía. Siempre se reía.

Era Vicente, rodeado de su familia. Ésta fue la última vez que lo vi, y ya no nos volveremos a encontrar nunca más en un mismo camino.

Era que llevaba la cabeza toda llena de crespos, anudados con papelitos blancos. Mi madre, la víspera del incendio me los había puesto en el pelo para rizármelo. Dos días después iban a ser los exámenes. ¡Y para ellos, siempre me componían tanto!

Los años han pasado por mí en fuga de motivos tétricos. ¡Yo no recuerdo de la vida más que desolación e injusticia! Si alguna vez, huyendo de todos, me refugio en mí misma y con fruición evoco los días frescos de entonces, pienso en ti, Vicente, con esa deliciosa complacencia con que se añoran las bienandanzas idas. Nunca más he vuelto a verte. Nunca más he vuelto a saber de ti. Y me acosan los deseos de interrogarte... Dime si todavía ríes tanto. Dime si eres feliz con tu mujer flaca y tus hijos amarillos. Dime si has podido seguir siendo paloma entre las selvas vírgenes. ¿Yo...? ¡Vivo entre fieras! Dicen que tengo aspecto de domadora, pero dentro aún llevo el corazón puro y sencillo. Como vengo de la tierra ruda, no traigo en él engaños ni cobardías. ¡Vicente, quienquiera que seas, ven y respóndeme si has podido seguir siendo paloma entre las selvas vírgenes!

(8)

AMANECER

Todos nos alejamos a lo más íntimo del bosque. En distintos bohíos que al paso hallábamos, nos fuimos quedando los grupos familiares. Buscábamos la seguridad en la espesura de la selva, donde pasaríamos la noche. ¡Oh noche llena de trasgos y de fantasmas inolvidables! Las profundas y desgarradoras emociones del día turbaron mi mente infantil. Veía reproducirse las escenas pasadas, en la oscuridad del bohío donde nos alojábamos. Oscuridad caótica en que nos sumergíamos, para ocultarnos y evitar que nuestro refugio fuera descubierto por los enemigos que aguardábamos, los cuales, al divisar la luz de la lámpara o el fuego, nos encontrarían. ¡Lucha tremenda la de aquellas horas!

Ignorábamos a quién le correspondía hacernos mal, si a los españoles que vinieran a vengar su sangre en nuestra sangre cubana, si a los cubanos, creyéndonos los asesinos de *Paquito Borrero*. A cada crujir de las ramas en el contorno, a cada silbar del aire importuno, a cada ruido campestre, respondían nuestros cuerpos arrojándose al suelo, fingiéndonos la amenaza de las balas de los que temíamos. Esa inquietud prolongada y la suma de los acontecimientos anteriores, llenó de fiebre mi fantasía y mis ojos vislumbraban, ya la cabeza separada del cuerpo de un soldado barbudo, o la silueta del *mambí* negro, que ante la puerta de la casa nos suplicó que le diéramos una frazada; o las llamas del fuego de nuestra casa, que volando en el espacio, venían a incendiarnos el nuevo albergue; o la figura *mirabalesca* —otra vez amenazante— queriendo arrancarme la vida. Todo lo que veían mis ojos lo canturriaba mi voz delirante, y mi madre se transía de pena imaginando que yo había perdido el juicio. La triste congregación sufría por mí y por ella, pues la plañidera salmodia podía dar a los perseguidores, la clave de nuestro escondite.

Entre tanto, vinieron las horas del alba, que nos pareció muy penosa, pues en ella el sol nos saludaba sin hogar, sin pan y sin vestidos. Pero no, a través del recuerdo, yo contemplo rediviva aquella mañana brillante en que el sol, más que nunca, se mostró propicio. El cielo de cobalto, púrpura, rosa, gualda, violeta, y el *Padre Sol*, dictando las leyes de la vida.

(9)
HACIA EL PUERTO

Con el amanecer volvió la calma a mi espíritu, y me acuerdo que entonces los mayores se reunieron en cónclave para tomar una determinación en aquella dolorosa expectativa. Unos opinaban que era mejor permanecer en el escondite uno o dos días más, pero este plan fracasaba porque carecíamos de todo alimento; imaginando otros que era mejor trasladarnos a Altagracia, a ver si podíamos recuperar algo entre las ruinas, y luego ponernos en camino a los ingenios que cerca de por allí estaban.

En esta alternativa divagando, se divisó un grupo de tres o cuatro hombres que se acercaban. Distinguimos por su porte que eran pacíficos, y los aguardamos serenos. Al fin llegaron, y nos dijeron que venían a avisar a todas las familias ocultas por aquellos contornos, que a las dos de la tarde pasaba un tren desde Camagüey, rumbo a Nuevitas, el cual podría llevarse la gente al puerto vecino, aconsejándonos que marchásemos a Altagracia porque todo estaba en calma. Entonces emprendimos la vuelta a nuestra pobre aldea, y tras horas sucesivas de jornada llegamos a ella con el alma azorada por su ruina.

Otro espectáculo nuevo y sorprendente apareció a los que retornábamos. No comprendíamos cómo en medio de escombros aún humeantes, que deberían ser respetados, se fraguara el crimen. Caminando por encima de las brasas, entre los muros semiderruidos, bajo los techos que amenazaban desplomarse, hordas de ladrones registraban, llevándose todo lo que respetó el fuego. Sus sacos se llenaban con lo que era de nosotros, y al vernos acercar se alejaban cargados con ellos, satisfechos de su cobardía. Al instante, nos encaminamos a nuestra casa, y allí permanecimos atónitos ante los carbonizados despojos. Seleccionamos algo que se salvó, chamuscado, del incendio: cacharros, cubos, palanganas, cosas sin ningún valor real, pero llenas de recuerdos, por lo que con cariño las amontonábamos. Cuando, a lo lejos, muy distante, un pitazo de locomotora se oyó. Entonces, separándonos del hogar deshecho, nos dirigimos a las paralelas del ferrocarril.

¡Oh, la llegada de aquel tren! No venían los soldados como antes pasaban, entre gritos de júbilo y chispeante vocerío[cvi]. En silencio, cabizbajos, entristecidos, hicieron alto. Recogieron a los harapientos habitantes, y volvió a partir el tren callado —como un convoy funeral— hacia Nuevitas. Allí volvía Martínez Campos, ya casi derrotado de su campaña de Oriente, próximo a abdicar sus triunfos de viejo general y su fama de pacificador, —fúlgida antaño, en Baraguá— cuyos laureles soñaba reverdecer.

Pero ya los cubanos no eran los incautos que pactaron El Zanjón cuando la guerra del *sesenta y ocho*. Esta vez querían conquistar la independencia de su patria, o morir en pleno, y no depondrían las armas ante las filfas y paparruchas de una madre patria que se burlaba siempre de la buena fe de sus más consecuentes hijos.

(VII)

BAJO OTRO CIELO

(1)

EL EXILIO

Nuevitas era la tierra de los amores de mi madre. Allí, donde todos la querían, fue maestra cuando soltera[cvii]. Allí contrajo nupcias. Allí nací yo, su única hija. Siempre que ella hablaba de un proyecto venturoso decía:
—¡Cuando vuelva a Nuevitas…!
Así volvimos, madre mía! ¡Descalzos, semidesnudos, y con nuestros cacharros al hombro, hicimos la entrada *triunfal* en la ciudad de los anhelos! Una tía abuela nos dio alojamiento en su casa, y en ella vivimos una temporada corta, mientras mis padres fraguaban planes de inmigración, azorados por el cataclismo que nos acababa de hundir. ¿Cuál era el caudal con que contaban para realizar esta empresa?

Sólo teníamos tierras que, arrendadas, producían poco dinero; mas, en aquel momento, totalmente improductivas, pues los campesinos dejaron de pagar en cuanto empezó la revolución, [aduciendo][cviii] que sus casas habían sido quemadas, sus plantíos deshechos, sus bestias huidas, y sus ganados dispersos por los rebeldes.

No obstante, animosos, [mis padres] recogieron un puñado de monedas de algunos de sus más fieles arrendatarios, las suficientes para pagar el pasaje al extranjero y vivir un corto tiempo, mientras se hacían paso en él. ¿Abrirse paso? ¡Qué ironía! No eran mis padres traficantes en el ajetreo del mundo. Su más grande ensueño fue éste de querer ganar la subsistencia en el exilio, y el despertar, la más desgarradora de sus pesadillas.

Con la alforja de sus idealismos a la espalda, y tres hijos pequeños, emprendieron el éxodo. Mi padre era pintor y periodista. Mi madre, maestra y poetisa. Dos artistas, dos espíritus de selección que naufragaban en el *maremágnum* de la realidad, y sin embargo, creyeron que fuera de Cuba él podría pintar retratos que le pagarían ventajosamente, y ella podría fundar una escuela productora de ganancias provechosas, para levantar así, —en el destierro— su tienda hogarina.

—¿Adónde vamos? —se decían. Fluctuando entre México y Santo Domingo, a este último punto dirigieron la proa, y su nave arribó al Ozama, en un amanecer espléndido sobre el río.

(2)
NUEVO HOGAR

Llegamos. Casi todos los compañeros de viaje, ricos, o bastante bien acomodados de fortuna, se fueron a los hoteles de la hospitalaria capital dominicana. Nosotros, pobres, nos fuimos a vivir a una casita vieja, toda rota, que acababan de dejar unos emigrados cubanos para trasladarse a otra en mejores condiciones.

Esta casita, a pesar de pobre y destartalada era un hallazgo. Fue una suerte conseguirla. Nos la ofrecieron, en el mismo muelle, al desembarcar, y allá fuimos, después de tomar un frugal almuerzo en un restaurante de mala facha.

Ya en el albergue, al observar los buenos vecinos que se demoraba el equipaje, nos enviaron algunas cosas indispensables: una silla, un balance, un jarro con agua, algún vaso para beber.

Por fin, muy tarde, apareció el carro de equipajes, que nos traía solamente dos baúles, ofreciendo el carrero que a la mañana siguiente serían traídos los demás.

Hay muchas noches en mi vida que llevo clavadas como puñales en el corazón; noches cuyo sólo recuerdo me trastorna y convierte mi cerebro en un haz de llamas. Esta primer[a] noche que dormimos en Santo Domingo es una de ellas.

Sobre mi familia materna pesa una enfermedad legendaria —sello de su divina espiritualidad, acaso—; favor de martirio con que Dios quiere probar su resignación inmensa, que llega a la santidad genial[cix].

Yo he contemplado desfilar ante mí, absorta de admiración compasiva, la figura exangüe, esquelética, lánguida, vaporosa, casi fluida, de toda mi gente devorada por la tisis. Sus nobles figuras, sus sienes palpitantes, sus largos dedos pálidos, sus labios sitibundos, sus pechos hundidos, sus pasos quedos —como de fantasmas—, sus tocecitas secas. Sus amplias y flotantes ropas que no tienen músculos donde encajarse, se me aparecen en las noches de insomnio como ensueños que me acarician y me atraen al mismo fin, del que yo, entre lágrimas, me complazco llena de arrogancia. ¡Yo también quiero ser tísica como los míos, y llevar algún día sobre mi frente su palidez de azucena, para estar cierta de que en ella también ha puesto Dios su beso!

Así, es como yo recuerdo a mi madre desde mi primer[a] memoria. Ante mí, alta, débil, dulce, pálida. Andaba sin hacer ruido, como andan las apariciones de los santos.

En esta época, con los azares de la guerra, con las penas sin nombre, ya su enfermedad estaba muy adelantada; ya hacía algún tiempo que tosía mucho, y esa tos era cada vez más intensa, y más prolongada.

La primera noche que dormimos en Santo Domingo fue, hasta entonces, la noche que oí toser más desgarradoramente a mi madre. No sé qué circunstancias pudieron haber influido en ello, quizá la travesía marítima, el cambio de clima y la imposibilidad de conciliar el sueño aquella noche sombría. ¡Sombría como nuestro porvenir!

Cuando el sol se fue y nuestra casa se hundía en la oscuridad más completa, un niño se apareció en ella, y en nombre de su madre nos dejó una lámpara encendida, mandándose a ofrecer para servirnos en todo lo que quisiéramos. Dióle mi madre las gracias por el ofrecimiento y la luz, y merced a ella tuvimos claridad durante las primeras horas de la noche. Pasado algún tiempo, comenzaron a preocuparse mis padres por la manera de dormir, dispuestos a pasar la noche de cualquier modo antes de ir a dejar el dinero en las manos de algún dueño de hotel, de los pocos y caros de la ciudad.

Se arregló todo, rápida y sencillamente. En el patio de la casa había un sinnúmero de tablas de *palmas reales*, viejas, húmedas y carcomidas. Los muchachos nos dedicamos a la obra de entrarlas en la habitación primera de la casa. Mis dos hermanitos y yo en un momento concluimos la tarea, y una vez terminada, con la dirección de nuestra madre, comenzamos a ponerlas paralelamente en el suelo, muy juntas, formando camadas unas encima de otras, hasta que se acabaron las tablas.

Ella, con ropa que extrajo de los baúles, tendió algo encima para cubrir la desnudez del maderamen, y con el resto, hizo un lío —a manera de almohada— donde hundir y reposar su infeliz cabeza.

Así preparado el lecho, cuando nos cansamos de sentir pasar las horas, nos fuimos a dormir. ¡Dormir! Mi padre decidió pasar la noche en el balance prestado; a mí, me señalaron por lecho un baúl, y mi madre se echó con mis dos hermanitos, en el duro tablado.

No sé cuál de las tres camas era peor. De mí puedo decir que harto afán me costó conciliar el sueño. El baúl era duro, estrecho y corto. Las piernas se me quedaban de fuera si me estiraba, y si me encogía, entonces más de la mitad del cuerpo se me salía por los lados, exponiéndome a rodar al suelo.

Pero no era esto lo que me impedía conciliar el sueño. ¡No! Era la angustia infinita, la zozobra del alma, el dolor sin consuelo de oír la tos de mi madre, que no podía calmar con mi afán. ¡Este dolor sólo pueden comprenderlo los que, como yo, hayan tenido en su niñez una madre tísica!

Comenzaba el hipido…, lento…, suave. La tocecita. Iba ésta en *crescendo* y subía de tono más y más, como una escala de estertor doliente. Y luego, haciéndose más tenue, —más tarda—al fin se extinguía.

Cuando empezaba el acceso, como si yo fuera el diapasón que marcara la intensidad de las toses, me iba irguiendo lentamente sobre el baúl. Primero alzaba la cabeza, y con los ojos dilatados urgía mirar en la oscuridad de la alcoba; luego, la apoyaba sobre las manos sintiéndome más alta para escuchar mejor; después me incorporaba, casi hasta sentarme, y por último, me erguía sobre el baúl dejando caer mis pies desnudos en el suelo. En esta actitud permanecía hasta que el ataque iba disminuyendo, y al compás, iba dejando caer el cuerpo hasta quedar, de nuevo, tendida en mi improvisado lecho.

No sé cuántas veces pasó esto. Una, dos, tres, cuatro veces… Perdí la cuenta. Pero ya era muy avanzada la hora, y por muy grande que fuera mi dolor, el sueño rendía mis cansados ojos.

Una vez, la última, oí la tos de mi madre. No me erguí, como antes. Rodaron en silencio mis lágrimas. ¡Virgen Santísima, que mi madre no tosa más esta noche! ¡Dios te salve, reina y madre de misericordia! Y me quedé dormida.

(3)
A MI HIJA

Era [por] entonces cuando mi madre me escribía estos versos:

I
Me pides que no llore, pobre niña,
y tu llanto filial, corre también.
Feliz tú, que no sabes porqué lloras,
dichosa tú, que sueñas con el bien.

II
El llanto es el consuelo de los tristes
y es forzoso que corra su raudal
cuando ha roto sus diques entre el pecho
de amargura un violento manantial.

III
Si no llorase, luz de mis ensueños,
me ahogara la asfixia del dolor,
y huérfana quedaras en el mundo,
arcángel puro de piedad y amor.

IV
El llanto y la oración tan sólo pueden
darme su aliento celestial a mí,
y necesito aliento, ¡hija del alma!
para vivir y batallar por ti.

V
¡Ay!, yo he luchado con valor de atleta
por legarte un dichoso porvenir,
por darte educación, y hacerte buena,
viendo en ti, la existencia sonreír.

VI
¡Cuánto cáliz de acíbar he apurado!
¡Cuánto huracán impávida arrostré!
Mas hoy me postro ante el destino adverso.
No más, no más en vano lucharé

VII
En todas partes la desgracia impía
ante mí su guadaña levantó.
¿Podré hacerte feliz, si nada espero?
¿Si mi fe para siempre naufragó?

VIII
Sin embargo, esa fe y esa esperanza
ya muertas en el globo terrenal,
renacerán, tal vez, en otro mundo

donde todo lo grande es inmortal.

IX
A ese mundo grandioso me remonto
en alas de angustioso frenesí,
y en las manos de Dios coloco, humilde
el porvenir que darte pretendí.

X
Que si toda terrestre bienandanza
en su oculto designio me negó,
acaso del decreto soberano
tu ignorado destino excepcionó.

XI
¡Espera y sufre con valor, bien mío!
Ama a Dios, a la patria y la virtud,
que para mí también habrá mudanza
más allá del fatídico ataúd.

XII
Porque es noble mi alma en demasía,
y si el mundo jamás me comprendió,
rompiendo las cadenas del destierro
a mi patria inmortal volaré yo.

XIII
Cuando la tumba mis despojos guarde,
resignada, mi bien, ¡ora por mí!
No llores por mi ausencia, ángel querido;
yo, desde el cielo, velaré por ti.

(4)
FRENTE A LA VIDA

Bien pronto, nuestra casita de la calle del Padre Billini[cx] se hizo centro de reunión de algunas personas intelectuales de la República Dominicana. Estaba situada en un barrio aristocrático, donde todas las familias eran de abolengo, ricas, muy bien relacionadas. Frente a nosotros vivía doña Francisca Machado, mujer de hospitalario carácter, expresión sin duda, de un claro origen y de la hidalguía proverbial de la sociedad aquélla.

Esta buena señora fue una de las que se manifestó más afanosa por servirnos el día de la llegada; fue la que nos envió la lámpara. Ella gozaba, imaginando que al confraternizar con los emigrados cubanos, rendía su tributo de admiración a la causa de nuestra independencia, tan querida en aquella república.

Contiguo a nuestro zaquizamí, habitaba la familia del ex presidente González[cxi], cuyos hijos casi todos estaban expatriados por *Lilí*[cxii]. La esposa y la hija eran amigas de mi madre. De los varones, recuerdo que lo fue cordialmente, de mi padre, uno que era pintor. Tenía éste en la sala de su casa un cuadro ante el cual me pasaba insensiblemente las horas, contemplándolo. Era una valenciana, prodigio de frescura y de belleza, escogiendo flores ante una mesa que las desbordaba. ¡Qué derroche de color y de perfume! Yo sentía que el aire se embalsamaba cuando me absorbía mirándolo.

Muy cerca, doblando la calle, en la llamada de Regina, vivía un notable literato llamado Arturo Pellerano[cxiii], que hizo amistad franca con mi familia.

Las relaciones que se crearon allí mis padres fueron valiosas: el conocido historiador D. Francisco Gregorio Billini[cxiv], D. José Joaquín Pérez[cxv], uno de los más notables poetas dominicanos, monseñor Armando Arturo [de] Meriño, orador sagrado y arzobispo de la diócesis[cxvi].

Y para colmo de ventura, nos encontramos allí múltiples parientes. Ya antes dije, que mi familia paterna es oriunda de Santo Domingo.

Trataron mis padres de proporcionarse trabajo a la altura de sus aptitudes. Muy luego empezaron a ser presentados a las autoridades y directores del Departamento de Instrucción Pública, y trabaron amistad con los artistas.

Todos tenían el mejor deseo de encontrarles ocupación, les ofrecían su apoyo, pero en el orden positivo no lograban éxito ninguno. Se iba todo el tiempo en gestiones vanas. El país estaba pobre —decían—; la instrucción pública, descuidada. Los elementos profesionales del magisterio eran allí suficiente para cubrir las plazas, no muy abundantes ni muy bien retribuidas. ¡Había que esperar! Tener calma. Eso era cuestión de tiempo y de oportunidad. Entre tanto, las esperanzas y el poco dinero se les consumía[n].

Se dejaron abatir por los primeros tropiezos. No probaron sus fuerzas, y el más fracasado de todos los hombres es aquel que fracasa ante sí mismo.

(5)
PAPÍ SÁNCHEZ

Tales fueron las iniciativas de mi padre, y tal su liquidación: un fotógrafo dominicano que vivía cerca de nosotros, Alejandro Rodríguez Poo, le regaló algunos retratos de personas conocidas, para que los iluminara y se hiciera conocer como pintor entre la gente rica, con objeto de que ella lo favoreciera con encargos.

Desagradado mi padre por este fútil trabajo, no obstante, recurrió a él como a un medio inmediato y transitorio de manifestarse.

Entre los retratos que ofreció a mi padre su camarada, había uno de una mujer joven y bella. Acaso fue éste el retrato que iluminó con más esmero. Cuando estuvo listo, me dijo:

—Emilia, mañana vamos a llevar este retrato. Levántate temprano y vístete bonito[cxvii] para que me acompañes.

Efectivamente, al amanecer del otro día ya estaba yo muy compuesta para acompañar a mi padre a la visita.

Llegamos: amplias y lustrosas escaleras de mármol blanco; barandas de enmarañadas forjaduras; salones elegantes, tapices, colgaduras, lámparas, alfombras, terciopelos, todo de un lujo indiscutible.

En el balcón había una señorita hablando con un caballero a quien [yo había visto] dos o tres días antes en la casa de un viejo pintor, [al] que había ido a ver mi padre conmigo. Este joven, al oír nuestro apellido —cuando [mi padre] hablaba con [el artista], nos preguntó si éramos allegados de D. Calixto Bernal, cuyas obras de *Derecho Político* él había leído, y que consultaba para ilustrar sus estudios universitarios. Entonces [mi padre] le explicó el parentesco cercano que nos unía, y el joven, que era doctor en leyes, le dio su tarjeta y le ofreció su amistad.

Mi primera impresión al reconocer al joven fue de simpatía, recordando la escena de los días anteriores [y] creyendo que su presencia allí era un buen augurio y que nos acogerían bien. El joven, no obstante su afabilidad pasada, en esta ocasión se mostró remiso, aparentó no conocernos. Mi padre era mal fisonomista, y desde luego, no lo reconoció, pero yo era un lince, y al divisarlo enseguida lo recordé.

No sé porqué, acaso porque mi padre me hablaba y yo le respondía con mis habituales señas, el joven y la señorita —que no nos perdían ni pie ni pisada— empezaron a sonreírse.

El caso fue que a mí no me gustó nada su sonreír, y que picada en mi susceptibilidad los miraba con escrutador recelo, pensando entre mí:

—¡Se están riendo de nosotros!

Esto ya tenía mi ánimo mal preparado. Sucedió, además, que después de estar esperando harto tiempo, se presentó una señora a preguntarnos qué queríamos. Mi padre explicó que él era un artista cubano emigrado, y que, [habiendo iluminado un retrato de la esposa del dueño de casa][cxviii] deseaba verlo para ofrecérselo como obsequio.

La señora, que tenía aspecto como de ama de llaves o cosa así, se marchó, y nosotros esperamos otro tanto tiempo hasta que al fin vino, abriendo lentamente las cortinas, un señor alto, más bien grueso que delgado; derecho, —demasiado derecho—, moreno, (muy moreno), de pelo negrísimo.

Avanzó hacia nosotros pausadamente. Mi padre se puso de pie, se adelantó a él y le extendió la mano. El caballero, más despacio aún que caminaba, —como una misericordia— le ofreció también la suya y le preguntó qué deseaba.

Tornó mi padre a explicar el objeto de su visita y le entregó el retrato aludido, pidiéndole que lo recomendase a sus amigos para obtener de ellos trabajo pictórico.

El caballero tomó el obsequio, malhumorado, dijo palabras de enojo contra el fotógrafo que había dado el retrato de su esposa, y con un gesto desdeñoso y duro acabó diciendo:

—Yo no tengo amigos —se llevó la mano al bolsillo del chaleco, y sacando de él una morocota[cxix], que a mí me pareció más grande que el sol, la arrojó sobre la gran mesa de mármol, exclamando—: ¡Allí tiene eso! ¡Yo no tengo amigos!

Yo no sé lo que pasó por mí en aquellos momentos. Dejé de ser la intérprete de mi padre —que de sobra se dio cuenta desde el primer instante de la actitud despreciativa de su interlocutor, [pero] a la que no reaccionaba en virtud de su superioridad y su cultura— y tomando la representación de toda mi raza[cxx], le dije a aquel caballero, sin dar tiempo a que mi padre contestara una palabra:

—¡Guarde usted su dinero! ¡Nosotros no pedimos limosna! En nuestro país hay guerra, y por eso hemos venido a buscar trabajo aquí. ¡Pero nunca hemos sido pordioseros!

Cogí a mi padre del brazo, llena el alma de furor. Él, en vano me interrogaba:

—¿Qué pasa, Emilia? ¿Qué te ha dicho?

—Nada. Nada —le decía yo—. Así que lleguemos a casa le contaré. ¡Vamos! ¡Vamos...!

Y descendimos por aquellas blancas escaleras de mármol, afueteados por la vida.

Este señor se llamaba D. Juan Francisco Sánchez, a quien popularmente se le decía *Papí*, y era el Secretario de Hacienda de la República Dominicana.

Era la primera vez que mi padre intent[aba] hacer dinero de su lujosa profesión, y también fue la última.

(6)
QUERELLA DE CAMPANARIO

Con estos desconsoladores resultados mis padres perdieron todo aliento, apenas iniciada la lucha. Además, hicieron público su pesimismo por medio de la prensa, guiados por un impulso noble: el de avisar a sus compatriotas la verdadera situación del país dominicano en el orden económico, muy diferente a las versiones de opulencia que corrían en nuestra tierra, y que los impulsaba a emigrar a Santo Domingo.

Con este objeto, publicó mi madre en el *Listín Diario*[cxxi] —uno de los mejores periódicos capitalinos—, un artículo que al momento se hizo famoso: *«Notas históricas sobre la inmigración cubana»*. Este artículo fue acompañado en el mismo número del periódico en que se publicó por una nota en extremo elogiosa de la «Redacción» del *Listín*. Pero al día siguiente el artículo fue contestado en el mismo periódico con otro contradictorio, titulado *«Las cosas en su lugar»*. Respondió mi madre, con una carta abierta en la que hacía notar la incongruencia de alabar la exposición de sus ideas un día, y combatirlas al siguiente, prometiendo contestar.

Surge después otro artículo titulado *«Más sobre la inmigración»* [y] después otro *«Sobre el mismo tema»*... Y de la forma de combate civil, del *Listín Diario*, se pasa a la campaña ruda y mordaz en otros periódicos, en artículos firmados por *Un dominicano*. La opinión [pública] se vuelve airada contra nosotros, y se llega hasta la traición de los compatriotas.

Tenía mi padre un íntimo amigo, D. Emilio Román y Arteaga[cxxii], a quien escribió una postal amistosa haciéndole consideraciones positivas sobre el país. Un hermano de éste, que se hallaba en Santo Domingo emigrado también, sabe que mi padre ha escrito esa tarjeta y va a la «Redacción» de otro diario, [allí comunica], y el diario publica:

> A nuestra Redacción se ha acercado esta mañana un distinguido caballero a manifestarnos que otro cubano, cuyo nombre se reserva esta «Redacción», se ha permitido escribir por el vapor de ayer a La Habana a un hermano del caballero que nos suministra estos datos, poniendo por los suelos el buen nombre de la República Dominicana.
>
> No quiere el caballero cubano, de quien recibimos estos datos, que se crea en su día que él ha podido informar a su señor hermano en el sentido ya indicado, máxime cuando él no tiene sino muestras de agradecimiento para este país y sus hombres.
>
> ¿A qué causa obedecerá este laborantismo[cxxiii]? Trataremos de averiguarlo, toda vez que estamos ya a los alcances de ciertos pormenores desfavorables para los que, ingratos, laboran en contra del pueblo que los recibe con los brazos abiertos.

Una tarjeta postal que lleva[r]a la firma de mi padre, no necesitaba [de que se efectuara indagación alguna, ni de] esa *aclaración* [que se prometía a los lectores][cxxiv].

(7)
CONSIDERACIONES

Mi madre no contestó los artículos como había prometido en su carta. Liamos nuestros pocos cachivaches, y alcanzándonos a duras penas el dinero que teníamos para el pasaje de regreso en tercera, tomamos el primer vapor que pasaba para Cuba, y al llegar a la tierra natal publicó una hoja suelta titulada «¡*En mi puesto!*», que circuló por todo Santo Domingo y por nuestra isla.

Se acabaron los rebaños de incautos, camino de Santo Domingo. Se redujo la inmigración a su natural cauce. Emigraron allá los cubanos, con prudencia. Aquellos que iban provistos de recursos, y avisados[cxxv].

Ahora yo, colocada en la linde de la más absoluta imparcialidad, declaro: Los dominicanos tenían razón, en parte. A mi madre, tampoco le faltaba, y además ella tenía todo el sentimiento. Acepto y aplaudo [la] actitud [de los dominicanos] en lo que [alcanzó a tener] de seria, de respetuosa, de razonadora, hacia la actitud de [mi madre], y me enorgullezco del gran corazón de aquella mujer que no dudó hablar claro a sus compatriotas para que no sufrieran un fracaso. Bien que perdió su propia tranquilidad, [y acaso] hizo bancarrota de su éxito, el cual hubiera sido mezquino [de] consolida[rse] con el silencio.

Santo Domingo quería aquella inmigración que llevaba a sus puertos lo más florido de nuestra sociedad. Lo más rico, a veces. Casi siempre, lo más acomodado. Si toda emigración sana de alma y cuerpo favorece un país, ¿cómo no había de favorecer a Santo Domingo la nuestra, de superior calidad[cxxvi], florida, llena de cultura y de bríos, para hacerse camino en aquella tierra por explotar? ¡Había allí de todo, padres [míos]! ¡Pero se necesitaban recursos iniciales, y sobre todo tesón en el batallar! ¡Lo que faltaba era, en ustedes, el valor atávico de la lucha por la existencia!

Pájaros hay de una blancura diamantina que se ciernen en el espacio, altos y elegantes, con sus alas amplias, a compases tan rítmicos y suaves que dan la sensación perfecta de su serenidad magnífica. Pero si a estos pájaros se les cortan las alas, siquiera sea levemente, ya no pueden volar más y andan por el suelo a tropezones, dando saltos torpes y estúpidos, y haciendo movimientos ridículos. Perjudicándolos para todo andar la envergadura de sus alas blancas y brillantes, que les servían para escalar las alturas infinitas. ¡Mis padres eran de estos pájaros! ¡Oh, la divina disociación de sus instintos!

(8)
FÁBRICA DE GLOBOS

Un buen día, [cuando aún mis padres no habían decidido nuestro regreso a Cuba] una señora que fue de visita a mi casa me regaló una peseta. Aquella moneda cayó en mis manos como llovida del cielo. Yo escuchaba en el destierro frases que me parecían terribles por la entonación y el gesto con que las pronunciaban, y las cuales antes no habían sonado en mis oídos: ¡La miseria! ¡El pan de cada día! ¡Hay que trabajar! ¡La lucha por la existencia...! Yo estaba acostumbrada a nuestra vida fácil y muelle del Camagüey, en nuestra casona del callejón del Tío Perico, donde nos alcanzaban para el vivir holgado los sesenta pesos mensuales que producían, en arrendamiento, las fincas de mi padre. Aquélla era una vida sencilla, sin inquietudes, en que todo mi lujo era un vestidito blanco planchado, y unos zapatos altos, de botones, que me ponía para los grandes acontecimientos. Zapatos que eran mi alegría, cuyo uso pregonaba a los amigos diciéndoles:

—¡Mañana me voy a poner mis botas de *abrochar a un lado*!

Aquellas frases [que ahora oía] me sonaban a nuevo y me parecían incomprensibles. Al fin, se hicieron entrar en mi cabeza y...

—¡Hay que trabajar! —pensé. Y pensé, y volví a pensar.

De todos mis hermanos, uno, el mayor, Calixto —que tenía entonces apenas seis años— era mi compañero para todas mis andanzas y travesuras. Llamé a mi hermano, loca de alegría con la peseta que me dio la señora, diciéndole:

—¡Vamos a trabajar! ¡Vamos a hacer globos para vender! —Él me miró con sus ojazos verdes muy abiertos, y me preguntó sobresaltado:

—¡¿Globos?!

—Sí, hombre, globos. ¡Globos de papel de seda! ¡Verás que lindos! Yo los hago, y tú los vendes, y partimos por la mitad las ganancias. ¿Quieres?

—¡Bueno! —me respondió, saltando también de alegría.

Con la peseta[cxxvii] compramos mi hermano y yo muchos pliegos de papel de seda de varios colores, y con ese pertrecho y alambres nos fuimos a un caserón derruido que había en el fondo del patio. [Primero] hice un círculo de cartón, y después, colocando sobre él muchos pliegos de papel de seda doblados, corté infinidad de círculos. Éstos los dividí en múltiples radios. El extremo de cada uno lo redondeaba y lo torcía para formar una especie de encrespadura en el papel. Ensartaba los círculos, por el centro, en un alambre que tenía amarrado un corcho en el extremo, para que no se saliesen los papeles, y cuando el alambre —que era muy largo— estaba lleno, apretaba los papeles hacia abajo, sujetándolos con otra ruedita de corcho.

Hicimos bolas de todos colores, y matizadas. Y cogimos una varilla, la más larga que hallamos en el patio, y las pusimos en ella. Mi hermano se atravesó la bola al hombro, y hacia delante y hacia atrás quedaron pendientes las bolas, que se balanceaban contentas en el aire: blancas, punzó, rosadas, lila. En fin, un arco iris de luz, de gracia y de alegría. Mi hermano se alejaba saltando y cantando:

—¡A las bolas! ¡Bolas bonitas! ¿Quién las quiere comprar? ¡A dos *motas* las bolas bonitas! ¡Bolas para colgar debajo de las lámparas! ¡Bolas cubanas! ¿Quién quiere comprar las bolas bonitas?

Yo me quedé en la puerta de la casa, mientras él se alejaba, y dando saltos y riendo también, lo despedía. Balanceaba todo el cuerpo de contenta. Los brazos al aire eran como aspas de molino que se movían.

A la media hora volvió mi hermano con la varilla pelada. Todas las bolas las había vendido. Llenamos el pueblo de ellas. ¡Y fuimos nosotros los únicos de la casa que ganamos dinero en Santo Domingo! ¡Ah, si mis padres hubieran puesto una fábrica de globos!

(VIII)

LA VUELTA A LA PATRIA

(1)
LA MISERIA

La guerra ardía en todo su furor. Estaba Cuba en la epítasis del drama sangriento cuando volvimos a ella. Apenas instalados en Camagüey, supo mi madre que la escuela de las Minas estaba vacante, y pidió ir allí de nuevo. Inmediatamente obtuvo su nombramiento, y a las Minas nos fuimos ligero. Aquel poblado, por su situación media entre Nuevitas, —único puerto importante al norte de la provincia— y el Camagüey mismo, se hacía en extremo estratégico para las campañas españolas, y era el *centro de operaciones* del ejército, por lo cual los insurrectos tenían puestos allí constantemente los ojos, mejor dicho, los cañones de sus *máuseres*[cxxxviii].

Nuestra casa era la de siempre, propiedad del Municipio —[y habiendo sido] cedida para escuela pública—, [era] por lo tanto inamovible. Aquel palmar alongado y triunfante que a la vera del ferrocarril se extendía, al otro lado del pueblo, era el baluarte de las filas revolucionarias, desde el cual por espacio de largas y sucesivas noches, tiroteaban sin cesar los fuertes de que se hallaba protegida la línea para evitar los efectos de las frecuentes bombas de dinamita, que los cubanos colocaban en ella, y de las intentonas de arrancar las paralelas. Todo con el objeto de cortar el tránsito desde la importante ciudad interior con el puerto, y reducirla por el bloqueo al hambre y la desesperación. ¡Qué noches ésas de oscuridad suprema, en cuya impunidad se amparaban los insurrectos para acribillar el pueblo a balazos! En aquella casa desierta, mi madre y yo, ¡con cuánto peligro arrostramos la campaña!

A la medianoche empezaba el traqueteo de las balas. Un tiro, dos, tres… ¡Silencio! Una descarga cerrada. ¡Otra! Silencio. Disparos repetidos seguidamente, ora con intervalo; nuevas descargas cerradas… Así caían las horas unas sobre otras hasta la proximidad del alba. Algunas noches era tan bravo el tiroteo, que nos obligaba a dejar la cama y echarnos al suelo en evitación de la muerte. (¡Alguna vez un disparo atravesó la pared del frente de la casa y fue a clavarse en la del fondo, silbando sobre nuestras cabezas!) Entonces mi madre, que llena de temor salmodiaba la *letanía de la Virgen*, muy bajo, alzaba la voz en acción de más ferviente ruego:

—¡Torre de David! ¡Arca de oro! ¡Puerta del cielo! ¡Estrella de la mañana! ¡Consuelo de los afligidos!

Y yo contestaba suplicante, no menos emocionada que ella, el *ruega por nosotros*…

—¡Ruega por nosotros! ¡Ruega por nosotros!

Al otro día mi primera ocupación, aún antes de tomar el desayuno, era irme a los contornos de la casa a recoger los casquillos que los españoles, a veces colocados en patrullas en las cercanías, dejaban sobre el suelo del campo al responder a las acometidas de sus enemigos. Otras veces, merodeaba por los contornos para saber cuántas casas habían sido agujereadas como la nuestra, con los disparos de la noche precedente.

Las noches de luna se deslizaban tranquilas y silenciosas. Entonces, su clara luz impedía a los cubanos los ataques.

Nuestra casa, que albeaba sola en el guanal, era blanco sin duda, de los cubanos, pues cada noche de escaramuza, la acribillaban más y más. Al peligro constante de perder la vida, así expuesta, se anudaba el peligro del hambre. Las mercancías, cada vez más caras y más escasas no alcanzaban a sostener [a] la población. Los anaqueles de las tiendas de víveres se vaciaban. No había dinero. Los ricos agotaron su caudal, y su riqueza, casi siempre campesina. Todas nuestras entradas se paralizaron. Ya ni siquiera el Gobierno, exhausto y expirante, pagaba a mi madre su sueldo de maestra.

El único recurso de aquella aldehuela era la agricultura. Casi todos los padres de familia se dedicaron a la labranza. Cada uno en los alrededores tumbaba una *roza*[cxxix], y hacía una estancia, que muchas veces la estación y la guerra permitían lograr, y que otras era destruida por los cubanos cuando estaba en germinación, o en su más floreciente apogeo. [Tal sucedía cuando] transitaba una partida que, después de coger todo lo que necesitaba de ella, destruía el resto. Y eso [se hacía] por causar mal a los españoles y a la gente del pueblecito que tenía fama de españolizada, —no sé porqué—, acaso por convivir con el ejército en su Cuartel general.

En medio de tanta zozobra no faltaban días de ingenuo alborozo. Una de las cosas que más nos alegraba, era la sorpresa de los regalos. A veces muy tempranito, apenas en pie mi madre, se aparecía un muchacho que dejaba caer en la puerta de la calle, —gran vano por donde siempre entraba la luz a raudales— una pesada alforja, diciendo:

—¡Señora, aquí está esto que manda mamá, para que usted pruebe de nuestra estancia!

Abría ella el saco, y qué esplendidez de frutos: calabazas, yucas, plátanos, ñames, boniatos, aún con los terrones húmedos pegados a las cáscaras. Era obsequio de los padres de algunas de las alumnas [los] que, sabiendo *cómo andaban las cosas*, acudían con su obsequio en ayuda [de] la maestra. Entonces, alegre, mi madre me iba a levantar diciéndome:

—¡Emilia, despierta! ¡Ya tenemos para comer lo menos quince días!

Y yo, hecha una pascua, me tiraba de la cama y contemplando con mirada feliz el regalo, cargaba con él para la cocina.

Así, de milagro en milagro, íbamos viviendo, y a la par que estos acontecimientos, otros exclusivos de mi vida, se desarrollaban.

(2)

IDILIO

Yo era por entonces una chiquilla muy pizpireta. Mi indumentaria, siempre idéntica: zapatos negros, muy negros —unos zapatos horriblemente duros que mi madre me mandó hacer, por encargo, para que durasen—. Yo era un torbellino, y cuando ella menos lo temía me quedaba descalza. No había dinero para comprar zapatos frecuentemente, y mi madre se consternaba a los hoyos y desuelos que aparecían, a cada rato, en mis borceguíes. Yo misma temblaba cuando los veía aparecer, pero ¿cómo evitarlo? ¿Era mi culpa tener el pie *tan fuerte*, como repetían? Para contrarrestar el mal, ideó mandarme [a] hacer unas botas del material más duro que hubiera, de vaqueta. Botas de *pellejo de hombre*, decía yo, porque de ese material se mandaban a hacer los zapatos los guajiros. ¡Y estas botas no se me rompieron nunca! Zapatos negros, —decía— medias negras, falda negra, cinturón de cuero, negro que yo apretaba a más y mejor, pues de lo único que presumía era de tener la cintura estrecha —lo que no era muy difícil de conseguir pues el abdomen estaba casi siempre vacío— y para rematar con lo negro (última expresión económica del lavado[cxxx]) pelo negro también, siempre suelto y algo corto. Y rompiendo la armonía de tanta negrura, blusa blanca —siempre blanca—. ¡Muy blanca!

¡Yo era un gamo [de] ligera, [andando] constantemente entre aquellas llanuras patriarcales! Así, cayendo un día y otro día sobre mis nacientes años, llegué a ser una muchacha bastante alta, que oía invariablemente al decir mi edad:

—Sin [contar] los [años] que anduviste a gatas —Cosa que me ponía de muy mal humor.

Había un muchacho como de diez y seis años, de aspecto soñador [y] grandes y rasgados ojos oscuros de larguísimas pestañas, cuajados de tan poderosa expresión melancólica, que sugerían por sí solos una recóndita tristeza. Yo oía sonar su nombre en mis ensueños, como una caricia.

La poesía de sus ojos y la gracia de su nombre me hicieron indagar quién era. Todo lo supe. Puesto que me interesaba el muchacho, me interesaba todo lo que con él se relacionara. Su padre, era un viejecito muy enfermo, que acaso parecía aún más viejo por su enfermedad, y por la astrosa situación a que la guerra reducía a todos los hogares cubanos. La madre, era una mujer de aspecto más joven que su esposo, pero estaba loca. No había en la casa otra mujer que esta desgraciada. Su locura era dulce e inofensiva. Dos hijos tenía el matrimonio, uno mayor, muy hombre y próximo a casarse. El otro…, el de los ojos tristes.

(3)
EL PASTOREO

Bien me acuerdo del encanto que tenían para mí los viejecitos. No los conocía sino de historia y de pasar por su vivienda. Algunas tardes mi madre me daba permiso para salir con algunas de mis compañeras, a dar lo que nosotras llamábamos unas *vueltecitas*. En esas excursiones que no tenían rumbo fijo, yo dirigía la marcha siempre, y me encaminaba por instinto, al barrio de ellos, y rondábamos su casa sólo por mirarlos desde lejos. ¡Ya empezaba a roerme las entrañas, ésta que padezco ternura enfermiza!

Fue mi primera ilusión velar la puesta del sol desde el portal de mi casa-escuela, y en esta hora llena de luz tibia, oír en la lejanía una voz que doblaba el eco, la que traía un rebaño de cinco o seis vacas paridas.

—¡Allá viene! —trémula me decía, en lo más fresco de mi alma, y clavando los ojos en el camino, al fin vislumbraba: una, dos, tres vacas primero, y después, su figura delgada —campestre— cabalgando en la flaca yegua rosilla, de paso lento, suave, acercándose en aquella sabana donde yo primero cazaba cocuyos y después cazaba suspiros. Pasaba [él]. Pasaba disfumándose en el verdor del conjunto, mientras me enviaba un repetido adiós con el sombrero.

Otras veces, cuando yo en mi deseo pertinaz presentía la vacada, solamente se me aclaraba su silueta, andando en la llanura, con el gran saco de forraje a la espalda. Forraje que acababa de arrancar al sembradío. También él era estanciero.

Un íntimo sentimiento nos fue acercando, y nos hicimos amigos, y así, hablábamos algunas veces. En estas ocasiones los dos nos desconcertábamos. Él era silencioso. Lo más que hacía, era mirarme callado con aquellos ojos tan grandes y tan llenos de yo no sé qué humedad empañante que casi los dormía. Yo, era muy habladora, y aunque fuera sin ton ni son, ensartaba palabras y risas y gestos, saliendo de mi turbación con esa garrulería.

(4)
REACCIÓN

Una noche me dio una carta al pasar por mi puerta, rápido, imperceptible para todos los otros que estaban conmigo. La carta era un cuadro pequeño, con muchas dobleces, y las puntas entrelazadas unas con otras. (Tal, doblan sus cartas los guajiros)[cxxxi]. Al tacto, sentí dos papeles, y dije entre mí:

—¡Caramba! Dos cartas… —con un dejo entre alegre y burlón. Burlona. ¡Burlona de lo que más me complace! Ésta ha sido desde la niñez mi enfermedad doliente.

Veloz, me esfumé entre los otros y fui a leerlas a la luz de la luna, en la soledad del patio. Y cuál no sería mi sorpresa al ver que se le había escapado el borrador junto con la carta definitiva. ¡Qué decepción! Yo no podía imaginar cómo las personas para expresar sus sentimientos tuvieran necesidad de escribir borradores[cxxxii]. ¡Eso me pareció una inferioridad tan grande! En mi sentido íntimo, se desprestigió el muchacho. Cuando lo volví a ver bajé los ojos de pena al considerar su fracaso conmigo.

Ya por entonces empezaba yo a estar picada de una gran inquietud espiritual. Acaso era el resultado de mi ya intensa, aunque demasiado corta lucha por la vida. Acaso eran las primeras manifestaciones de mi temperamento. Acaso males del alma, heredados de la psicología abstrusa de mis padres. Pero es el caso, que me asediaban sentimientos extraños. Uno de ellos la vergüenza de la ternura. Yo nací llena de ella [hacia] todo: lo que siente y lo que no siente. Por las flores, por el arroyo, por el cielo, por los pájaros, por el llanto de los niños, por la sonrisa de las madres… Y me invadía una especie de humillación en mi sentimentalismo, y trataba de inhibir mis movimientos naturales de afinidad con las cosas y los seres.

Así, un sentimiento contrario me llevó a reaccionar muy pronto contra mi aventura, y pensé que era tiempo de volver sobre mí misma. Cortos [pues] fueron los días que duró esta fiesta de primicia sentimental, llena de ese anhelo indefinible de la primera edad.

(5)
RUPTURA

En una [de las] carta[s] me decía: "¡Quiero hablarte a solas, donde nadie nos vea!" No sé qué alcance instintivo o congénita suspicacia me hacía vislumbrar en esta proposición, una ofensa. La idea fue creciendo en mi mente hasta adquirir gigantescas proporciones. ¡Hice una torre de agravio! Sólo me repetía en lo más hondo de mí misma:
—¡Nunca pensé que me ofendiera!
Aquella noche no dormí, cavilosa y anonadada en mi primer desengaño.

Al levantarme al otro día, lo primero que hice fue escribir estas palabras tan sintéticas como decisivas: "¡Todo se ha concluido!" Envié el letrero, y me quedé tranquila.

Comedia infantil, que se trueca desde aquí, en comedia sentimental. La desesperación se apoderó del muchacho [quien] agotó todos los medios directos de explicación, primero, y de súplica después, para desagraviarme. Pero el encanto se había roto para siempre.

Esto trascendió. Su melancolía reveló a los padres que algo le pasaba, pues sugería motivos de ausencia eterna, de irse a la guerra [y] morir en ella. Su hermano lo supo y tomó cartas en el asunto, tratando de suavizar asperezas y de hacer paces. Al efecto, me mandaron a buscar de una casa de amistad, en la cual me aguardaba éste para tener una entrevista conmigo. Aquello, tenía mucho de cómico. Las sonrisas furtivas de los mayores, que ignoraban la calidad de la ofensa a que yo aludía, me mortificaba, pero a las sonrisas insinuantes y picarescas mi serenidad se colocaba en el primer plano.

Me apenaban las frases del hermano:
—¡Si ese muchacho se va a la guerra…! ¿Qué será de mis padres!
Éste fue mi sólo momento de flaqueza, pero me repuse, y dije:
—¡Dígale usted a él, que no se vaya!
Los ruegos y las reflexiones de todos me asediaban, y yo sólo respondía:
—¡No puede ser; me ha ofendido!

El adolescente se fue a la guerra. Yo, vigilante, llena de azoro; en actitud de victoria alada, me cernía sobre la escena de aquel idilio trunco. ¡Anduve unos días como sonámbula!

¡No sé si me porté mal con los viejecitos! ¡Ellos me perdonen desde el cielo, lo que sufrieron por mi causa!

(X)

ADIOS PARA SIEMPRE

(1)
LA RECONCENTRACIÓN

Todas las probabilidades de vida fueron desapareciendo, y al paso que el tiempo transcurría, el horizonte se cerraba por completo.

El período más desgarrador de la miseria cubana había llegado con la reconcentración de los campesinos instituida por el capitán general Valeriano Weyler[cxxxiii]. El Weyler famoso, que tuvo la descomunal manera de mostrar su patriotismo asumiendo la responsabilidad del fracaso español. Sí, porque no solamente se es patriota dando gloria a la patria en los días floridos, sino también en los momentos críticos de ella, haciéndose responsable ante la historia de fracasos con cuya culpa nadie quiere cargar[cxxxiv].

En los centros de población se hacinaban los desgraciados, que los ejércitos traían prisioneros del campo, y allí, en calles y plazas, agrupados —sin techo y sin pan— se consumían de hambre y de enfermedad. Éste fue uno de los medios que la política de Canovas[cxxxv] empleó en Cuba para apresurar el fin de la guerra, y obligar al ejército revolucionario a aceptar la paz, en la forma de un pacto de rendi[ción], [pero] resultó a la inversa. La solidaridad cubana se acendró, y el mundo miró con espanto la tortura de nuestro pueblo.

La nación americana, que por humanitarismo y política tenía ojo avizor sobre la guerra de Cuba, se mostró magnánima enviando por gestión de la Cruz Roja[cxxxvi], alimentos y medicinas con que calmar las lacerias de los *reconcentrados*.

Los motines y los escándalos de los *Voluntarios* españoles de La Habana, masa compacta y voluminosa que constituía todo el comercio de Cuba, siempre dispuesto a poner su nota de roja intolerancia[cxxxvii] en la actitud que asumía para juzgar al gobierno colonial, hallándolo siempre benigno para con el *rebaño criollo*, dieron lugar a que el cónsul americano de la capital pidiese al Gobierno de los Estados Unidos[cxxxviii] un barco de guerra que protegiese la vida y los intereses de los súbditos americanos residentes en la isla.

Vino el *Maine*, y su enigmática voladura pretextó el fin de la tolerancia americana, y en una magna sesión del Congreso de la gran república se llegó a la *Joint Resolution*, donde [se] declaraba que "Cuba es, y de derecho debe ser, libre e independiente…"

Esta declaración a la faz del mundo trajo la inminente ruptura con España. Se declaró la guerra [entre] ambos países, y vino como secuela inevitable, el inmediato bloqueo por mar, que redujo a nuestro territorio a la más tremenda desesperación por la amenaza del hambre.

Todo este duelo pesaba sobre mi hogar patriótico como cielo de plomo, mas en la misma [desesperada[cxxxix] situación, que no hubiera podido ir a peores] se encontraba el consuelo. Ya las cosas habían llegado al punto crítico, y la guerra terminaría pronto y favorablemente a nuestros ideales.

(2)
¡HASTA LA ETERNIDAD!

Decidió mi madre dejar el pueblecito donde estábamos, creyendo que era necesario reunir la familia, para que todos juntos recibiésemos el golpe que el destino nos reservara.

La enfermedad dolorosa de ella seguía su proceso a intervalos. Unas veces se mejoraba, y las fiebres desaparecían, para volver a poco con más fuerza —menos intermitentes— y más abrasadoras, mientras la tos pertinaz la privaba de la respiración y del sueño, durante los días sin fin y las noches eternas de su calvario.

A sólo un recurso positivo se redujeron los medios de nuestra subsistencia. El Gobierno ya no podía pagar con dinero, y decretó repartir a sus funcionarios raciones, que eran llevadas a domicilio el lunes de cada semana. Entonces, nos proveían de arroz, frijoles, *carne de Montevideo*[cxl], sal, azúcar, galletas y pan, todo en reducida proporción, pero con lo que vivíamos.

Aprovechando los lapsos de tregua en su enfermedad, mi madre, como todas las familias camagüeyanas, salía al campo mediante un pase o salvoconducto que la «Capitanía General» proporcionaba. A esto se denominaba *ir de forraje,* y por medio de él se podía obtener la entrada en la ciudad de alguna carne, viandas y frutas.

Pero en muchos casos las tales *idas de forraje* no eran más que un pretexto para ver a los insurrectos. Las madres, las hijas, las esposas, las novias, estaban enloquecidas por el deseo de abrazar a los suyos. Así, emprendían *jiras* en que se gozaba a pleno sol de Cuba libre, en la fraternidad más completa.

Nosotros frecuentábamos los campamentos, llevando por jefe a doña Águeda de Cisneros, la hermana de [aquél a quien llamábamos] *El gran ciudadano*[cxli]. Cantábamos, corríamos a caballo, comíamos lechón asado. Yo, con mi afición de siempre, recitaba versos.

Otras veces íbamos al campo con miras puramente reales. A buscar carne o las frutas de la estación. Al volver de estas excursiones, tras jornadas de sol quemante, muchas veces nos caía un torrencial aguacero, y esto, que a mi naturaleza fuerte de rapaza no hacía mella, era para mi madre de una trascendencia maligna. Sus recaídas eran, cada vez más agotadoras, y ella —de temperamento estoico— ya declinaba toda esperanza de vivir hasta lograr su anhelo: ver la patria redimida.

Entre tanto, la ciudad era presa de constante y halagadora inquietud para los cubanos, y para los españoles, de torturante duda.

El desembarco del ejército americano en Oriente, la toma del Caney, la batalla de la loma de San Juan —donde pelearon por primera vez contra los españoles, americanos y cubanos reunidos, y donde *Roosevelt* se hizo capitán de nuestra epopeya—; la derrota del almirante Cervera en el puerto de Santiago por la marina americana del almirante *Chaffter*, todo esto llenaba de regocijo el corazón de los patriotas, mientras que los jefes de la colonia lanzaban a la calle sus orquestas tocando el Himno de Riego, o la bizarra Marcha Real, [para celebrar] el triunfo de los españoles en Cavite[cxlii]; o lloraban la muerte heroica de Vara del Rey.

—¿Cuándo acabará la contienda? —era la pregunta que el alma, de hito en hito, se hacía.

De improviso, una mañana clara, azul, viva de color tropical, las campanas de los mil campanarios de mi pueblo rompieron a repicar.

—¿Qué pasa? ¿Qué sucede? ¿Qué hay de nuevo? ¿Ha ocurrido algo inesperado? —eran las preguntas que mi madre hacía a todos los transeúntes, desde la puerta de la casa.

Nadie podía responder a ciencia cierta.

—Nosotros vamos a averiguarlo, señora. Aguarde unos instantes. A la vuelta, le diremos.

De repente, aparece doña Casimira en nuestra sala. (Doña Casimira, la mujer de un viejo capitán español, que vivía enfrente). Y viene, súbita, a los labios de mi madre la pregunta:
—¿¡Qué pasa!?
Y súbito, viene a los labios de la mujer lo que no era respuesta, sino la explosión de su sensibilidad hispana:
—¡Que nos vamos los españoles de Cuba, para siempre! —Y cayeron las dos mujeres, llorando, una en los brazos de la otra. [Mi madre], viendo consolidado en un momento glorioso el ideal de toda su raza. La otra, viendo que el poderío de la suya se hundía para siempre, en el mundo que conquistó su gallardía. Y ambas lloraban por la misma causa, una de felicidad, y otra de pena, y confraternizaban en lo más íntimo de sus corazones femeninos. Estas dos mujeres simbolizaban el pasado y el porvenir, estrechándose en doloroso abrazo de despedida. Doña Casimira exclamaba:
—¡Ya no nos veremos más! ¡Adiós! ¡Hasta la eternidad!
Mi madre, respondía:
—¡Adiós! ¡Adiós, amiga mía!
Yo no podré olvidar jamás esa escena de exaltación humana, inmensamente triste, como las despedidas eternas. Alegre, como el alborear de los nacimientos insignes.

(3)
EL EJÉRCITO LIBERTADOR

A la evacuación del ejército español, siguió otro acontecimiento inverso y único, en la historia cubana: la entrada del Ejército Libertador. Espectáculo indescriptible fue su desfile. Cada quién tenía un hijo, un hermano, un padre, un esposo, militando en las filas insurrectas. Al mirarlos volver, el desbordamiento de regocijo fue sin nombre.

Para recibirlos, todos engalanaron las puertas de sus casas con pencas de palma, banderas y escudos cubanos, enramadas o tendidos de flores. Y las calles fueron atravesadas de trecho en trecho por lienzos que tenían grabado algún aforismo legendario o el nombre de un caudillo. Se recogieron las flores de toda la ciudad y sus cercanías para arrojarlas al paso de los vencedores; se imprimieron sentencias patrióticas en finas listas de papel[cxliii] para lanzarlas al ejército pasante.

El día de la entrada rompió con un repique atronador de campanas; el aire era constantemente atravesado por cohetes ensordecedores, y todas las orquestas de la ciudad se lanzaron a la calle, tocando nuestro Himno de Bayamo. No había casa, donde un piano dejara de hacerle eco.

Empezó la marcha como a las doce de la mañana bajo un sol de fuego, y a las cuatro de la tarde aún no había terminado. ¡Qué cuatro horas aquéllas, de fiesta nacional, y de fiesta íntima en cada corazón! Las voces de todas las gargantas se habían acabado cuando ella se terminó. Los gritos estentóreos de ¡Viva Cuba Libre! ¡Viva la República! ¡Viva la libertad! ¡Gloria a Maceo! ¡Viva Máximo Gómez! las agotaron. El héroe constantemente vitoreado era Calixto García, aquél de las dos epopeyas, que supo quebrarse la frente de un balazo para no caer en poder del enemigo[cxliv] en la guerra del *sesenta y ocho*, y que en la del *noventa y cinco* tuvo el civismo de renunciar [a] su puesto de General de División del Ejército de Oriente, porque los americanos no permitieron a sus fuerzas entrar con ellos triunfantes, en la población de Santiago, después de haber peleado por tomarla las dos legiones reunidas. Éste era el único resentimiento que teníamos de los americanos entonces, y con los pertinaces vivas a Calixto García, tratábamos de desahogarnos.

¡Qué alegría infinita la de cada rostro, la de cada alma, al ver pasar entre los soldados cubanos algún ser querido! ¡Qué expresiones las de aquellos al divisar entre el grupo de las lindas mujeres que los vitoreaban, una madre, una hermana, o la novia soñada durante la ausencia, mientras el pecho se ponía de frente a las balas!

(4)
ROSA LA BAYAMESA

Pero el momento inmenso de aquellas horas fue el de la aparición entre las filas, de una heroica negra. ¡Rosa *la bayamesa*, se llamaba! Aparecía entre los suyos vestida de mujer, pero ostentando gallardamente la insignia de capitán del Ejército Libertador. Llevaba la bandera del regimiento. Aquella negra, vieja ya, era un veterano de nuestras dos revoluciones. Había sostenido durante ellas, con su trabajo personal y su cuidado, el hospital de sangre más famoso de la insurrección. Tenía organizado un predio, donde los pacíficos de Cuba entera iban, a dejar productos naturales para sostener a los heridos. Allí, por grande que fuera la miseria en el campo, su esfuerzo siempre recolectaba el sustento de los que estaban bajo su abrigo. Carne, viandas, huevos, aves, ella los procuraba. Medicinas, vendajes, hilas, le venían del extranjero y desde las ciudades, donde las mujeres cubanas velaban por la revolución.

Y cuando su hospital, oculto en lo más profundo de las selvas, era amenazado por la proximidad o el paso de alguna columna española, con qué estrategia aquella negra gigante cargaba con todos sus enfermos y se escondía allá dentro... Más adentro de los bosques... En parajes, que sólo ella conocía.

Su figura pequeña y anciana, pero viril y erecta, semioculta entre los pliegues de la bandera, le daba un aspecto entre modesto y magnífico. Ante la visión, todos quedamos primero suspensos, para reaccionar luego, en delirantes ¡vivas!

¡Rosa *la bayamesa* ha muerto hace años! Hace años reina con Dios el alma blanca de la heroica negra. Una calle de mi pueblo, lleva su nombre inmortal.

(5)
NUEVA ERA

Vino después, la ocupación militar de la isla, por el gobierno de los Estados Unidos. Fue a Camagüey como gobernador el general americano *Mr. Louis Carpenter*. Este hombre, cual era la política de su nación encaminada a nuestros asuntos, inauguró una época de progreso, y de prosperidad material[cxlv].

Una de las primeras cosas de que se ocupó el gobierno de los Estados Unidos, fue de la organización provisional de la instrucción pública, completamente abandonada por España, y en esa época de guerra, casi nula.

Como un *excelsior*, se abrió en cada casa grande y vieja de la ciudad una escuela, donde la maestra era cualquier señorita de la población[cxlvi]. En cada aldea, se estableció otro plantel de enseñanza.

Aprovechando mi madre una temporada de mejoría, motivada acaso por el fausto acontecimiento de la libertad, que resucitó su espíritu y que le hizo concebir la ilusión de que podría trabajar de nuevo, se dirigió al general *Carpenter*, pidiéndole plaza en el nuevo magisterio.

Este gobernante, al momento la mandó a buscar, y después de una acogida afectuosa le dijo que eligiese la escuela que deseara.

Se abrió ante mi madre un nuevo y venturoso horizonte. Gozó uno de los momentos de más fruición de su vida, maltratada por los fracasos, y contestó al general súbitamente:

—Yo quiero una escuela en Nuevitas.

¡La primera vez que le fue dado pedir lo que quisiera, pidió ir a Nuevitas!

(6)
¡ADIÓS PARA SIEMPRE!

Pero ¡ay! que ya era tarde para todo. Desde que llegamos a la ciudad ribereña no tuvo un momento de calma. La agonía más prolongada que puede tener un moribundo fueron los meses que duró su vida allí.

El mar... El mar de cobalto —su amigo de antes— que murmurador le charlaba en la juventud, se le volvió traidor. (El mar, dicen, es enemigo irreconciliable de los tísicos). Sufría largos períodos de fiebres quemantes que culminaban en las crisis de paroxismos hondos y silenciosos, con la hondura y el silencio de lo insondable.

Al sentirse morir, gemía [pidiendo] el sacerdote que la confesara, [luego de lo cual], la ceremonia unciosa de la comunión y los santos óleos, ponía su nota de máxima elegía en la perenne tristeza del hogar, como una anticipación de los funerales.

En un coche, el sacerdote investido con las insignias religiosas y acompañado del acólito, cruzaba en lenta procesión las calles de la ciudad, desde la iglesia a la casa. La esquila, dando al aire sus campanilleadas largas y finas y trémulas, acompañaba el tránsito de la «Divina Custodia». El cortejo era formado por el pueblo devoto que le seguía, y en las calles por donde el viático pasaba, a pleno sol, lucía su tristeza la luz amarillenta y tenue de los cien faroles familiares que colgaban de las puertas, en honor al «Santísimo Sacramento», y además, como señal de participación en el duelo, de los vecinos.

En una de sus convalecencias la dulce enferma escribió a mi padre unas líneas dignas de una santa, las cuales él publicó en el semanario que dirigía en esa época, precedidas de la siguiente nota:

> *La señora de mi constante veneración, aquejada hace meses de pertinaz dolencia, y ejerciendo, casi desmayada, cinco horas de clase en su escuela pública de Nuevitas, me envía esta carta*:

«No puedo vivir ya. Paso las noches sin dormir. Me ahogo. Y en medio de esta tortura, pienso en mi patria. ¡Oh, Cuba, desde la cuna fui mártir contigo, y ahora que tú prosperas, gozas y aguardas, soy mártir también y me siento morir! La esperanza no ha consagrado ni consagrará ya ninguno de sus rayos, a iluminar mi horizonte».

¡Oh, las interminables noches de aquella primavera, en que mi madre se fue del mundo! La luz de aceite iluminando débilmente la estancia; sus ayes angustiosos y entrecortados rompiendo la isocronía del péndulo; sus pupilas de un verde claro y fúlgido antes, —veladas por la pátina de la muerte— fijas en la altura tal y como si quisieran interpretar el misterio de la eternidad; las moscas, señoreando en su faz cuando ya sus manos no podían moverse para ahuyentarlas; su cuerpo, largo y exangüe extendido a lo largo del lecho; sus brazos cruzados inmóvilmente... ¡Y las *brujas*[cxlvii]! Las negras *brujas* aleteando en la techumbre de la alcoba... Fuera, junto al alto ventanal, el graznido de la lechuza que rondaba[cxlviii], y en la lejanía, los aullidos lúgubres de los perros que, en el silencio de la noche rasgaban el aire, con su gama ululante y adolorida.

¡Al fin, una mañana, tras horas de convulsiones constantes y de movimientos retorcidos, en un momento de calma comenzó a musitar una oración, y se quedó dormida!

Después, llegó una corona de flores que le mandó Cupertina, una amiga de la juventud. Y después, se llevaron su cuerpo en un ataúd negro, envuelto en una bandera cubana. Sobre el ataúd iba la corona de flores que le mandó Cupertina.

(Escrito en Nueva York en el otoño de 1919).

Notas

[i] En el habla vernácula de Cuba se aplica en primer término a las orejas de los animales, sentido éste que se da aquí al vocablo. También se da este nombre a un instrumento agrícola: la azada o azadón. Se emplea igualmente con el sentido de *adulón*.

[ii] Todos los diccionarios consultados reconocen *gualdrapear* en vez de *"gualtrapear"*, que es como aparece escrita la palabra en las dos ediciones de la autobiografía. No nos ha sido posible establecer si se trata de errata o de variante léxica de Cuba en la época de escribirse el libro. El vocablo es principalmente de uso marítimo y se refiere al golpear de la vela (o trapo) contra el mástil o los palos de gavia. En Cuba, además, se refiere (o refirió alguna vez) al andar lento o acompasado de una cabalgadura, cuando parece que los flancos traseros se deslizaran uno sobre otro como dando bandazos suaves. Tal vez esté relacionado este uso con el otro de "poner como trapo" a alguien, cuando se insulta a éste con gran agitación y en público, y también cuando se habla mal a sus espaldas. A veces se refiere a exponer la verdad respecto a un sujeto, exposición que nunca es halagüeña para el interesado, e igualmente comporta cierta dosis de grosería de parte del expositor.

[iii] Los diccionarios consultados reconocen además de este femenino *"balumba"*, (o *baluma*) la forma masculina *balumbo*. De la primera dicen que significa "bulto que forman varias cosas juntas" y en el español americano [(¿?)] adquiere igualmente el sentido de "barullo y alboroto". Del vocablo *balumbo* dicen: "cosa que abulta y embaraza mucho". ¿Prefirió la autora la forma femenina del vocablo, del mismo modo que de niña gustaba decir "sombrera" en vez de sombrero, o se trataba de un uso del español de Cuba?

[iv] Hemos dejado tal cual el empleo que hace la autora de la preposición *"de"* en lugar de la más obvia y normativa *"en"* por considerar que se trata de una licencia legítima, justificada contextualmente, en primer lugar por la eufonía que aporta al período, en contraste con la segunda de estas preposiciones, y en segundo lugar, por la elipsis que antecede al empleo de la dicha preposición *"de"*, que permite leer el pasaje de la siguiente manera: "Y pensaba... [en tantas cosas]. ¡De la patria! ¡De la juventud!, etc.", con lo que la autora no sólo se fijaría en ellas como objeto de sus pensamientos, sino como sujetos en torno a los cuales se reflexiona a este o aquel tenor.

[v] La palabra *"colores"* en esta coyuntura parecería referirse tanto a su sentido literal como al de estandarte. Así pues, la frase tendría un sentido más inmediato, (incluso prosaico) referido al *colorido* folclórico con que puede concebirse superficialmente lo cubano, y otro de mayor alcance crítico cuando indica que tampoco del pendón o bandera nacional se trata, sino de lo que él o ella representan.

Por otra parte, la sintaxis del período según nos lo da la autora pertenece tan plenamente al ámbito de lo oral que hace algo ardua su lectura, de ahí que lo hayamos re-concebido reordenando sus partes y supliendo algunos vocablos o frases entre corchetes.

[vi] El valor enfático del *"mi"* posesivo, en este y otros contextos, (según se observa en el original) pudiera corresponderse al del *"yo"* y otras formas empleadas de predilección por la autora. Sin embargo, hay algo en su empleo que irrita, como si éste correspondiera mejor al dominio del idioma inglés, ya que en buen español preferimos decir *la bolsa* cuando es obvio que hablamos de la nuestra, y acudir a *mi bolsa* sólo cuando podría dudarse a cuál nos referimos.

[vii] Parece obvio que la autora acude aquí, al menos parcialmente, a una *boutade*, como la de la zorra de la fábula, despechada a causa del fracaso de no alcanzar las uvas. Por otra parte, sin embargo, es posible que cazara mejor con la recia personalidad de doña Emilia no contar con un *editor* que pudiera, o pretendiera poner puertas al campo.

[viii] En el original se lee "comienzos del siglo XVIII" lo cual constituye un error, bien de la autora o de los impresores. No obstante, bien puede considerarse a los principeños Manuel Andrés Sánchez (negro libre) y a Francisco de Agüero y Velazco (propietario y blanco), los primeros mártires cubanos por la independencia. La ejecución de los patriotas tuvo lugar el 12 de marzo de 1826. Joaquín de Agüero debió tener entonces unos diez años de edad.

[ix] Quienes habían desembarcado por la zona de Santa Cruz del Sur con un alijo de armas procedente de Colombia para fomentar la insurrección, y fueron denunciados a las autoridades españolas y capturados por ellas.

[x] La reseña biográfica de Joaquín de Agüero, escrita por su pariente y compañero de afanes patrióticos don Francisco de Agüero y Estrada (*El solitario*) y publicada por primera vez en la ciudad de Nueva York, en 1853, fue nuevamente publicada y prologada por Emilia Bernal Agüero en La Habana, Cuba, el año de 1935. Por la descripción que de él nos ofrece su biógrafo, Joaquín de Agüero y Agüero nació en Puerto Príncipe (hoy Camagüey) el 15 de noviembre de 1816. A los veintiún años de edad se trasladó a La Habana con el propósito de iniciarse en la carrera de abogado. En esa capital completó su bachillerato en leyes con las más altas distinciones. En 1838 se vio

forzado a regresar a Puerto Príncipe a causa del precario estado de salud del padre, para hacerse cargo de los negocios e intereses familiares. El 7 de enero del año 1839 contrajo matrimonio con doña Ana Josefa de Agüero, prima suya, y mujer de extraordinario temple y ejecutoria patriótica posterior, hoy completamente olvidada. En noviembre de 1840, a la muerte del padre, Joaquín se ve dueño y amo de bienes y haciendas —una fortuna más que mediana— entre la que se cuentan los ocho esclavos a los que, con el fin de aliviar su conciencia atormentada, pondrá finalmente en libertad mediante acta y ante notario, el 3 de febrero de 1843, suscitando con ello de inmediato la animosidad y suspicacia de las autoridades y de muchos vecinos de la villa. En enero de 1842, preocupado por el destino de niños y jóvenes de la región, había sufragado de su peculio la creación de una escuela en la entonces pequeña población de Guáimaro, la cual abrió sus puertas el 8 de aquel mes. Hombre de verdadera fe cristiana se preocupó de que los libertos tuvieran la posibilidad de acceder a los sacramentos y al consuelo que él mismo hallaba en ellos, para lo cual traía a su hacienda El Redentor al cura de Guáimaro, con el fin de que dijera misa, predicara y ayudara a quienes lo requirieran. Esta misma preocupación humanista alentó aún más las suspicacias en su contra de vecinos y autoridades. Requerido por las autoridades de Puerto Príncipe, hubo de presentarse con el fin de satisfacer una requisitoria que se le exigió respecto de la manumisión de los esclavos como de aquellos actos de fe de que se decía, hacía ostentación en su hacienda. En junio del cuarenta y tres, temeroso de represalias, y habiendo solicitado pasaporte para salir del país, que le fue denegado, se escapó hacia los Estados Unidos. Ante las noticias de que se preparaba un estallido revolucionario en el país, y luego de tres meses en el extranjero regresó a Puerto Príncipe. Una vez allí es temporalmente detenido y luego dejado en libertad. Retirado a sus haciendas dedicó sus energías al mejoramiento de las mismas, y concibió igualmente la idea de atraer colonos de las Islas Canarias, empresa a la que dedicó energías y capital. Con tal colonización esperaba suplantar la mano de obra esclava que había sido manumitida por él, y tal vez estimular a otros a hacer lo mismo. La primera tentativa revolucionaria del general Narciso López tuvo lugar en Trinidad, el año 1848 y este hecho alentó en Joaquín de Agüero su pasión libertaria. A partir de entonces comenzó a conspirar contra el poder colonial español y no cejó en tal empeño hasta su aprehensión y fusilamiento el 12 de agosto de 1851. Para una panorámica más acabada de su vida, incluida su participación en la gesta armada que se iniciaba, se hace imprescindible consultar la biografía debida a la pluma de Francisco de Agüero, de donde proceden los datos ofrecidos con antelación. Partícipe también de la epopeya por la independencia, es el biógrafo igualmente una figura de perfil extraordinario, de quien dijera Martí con motivo de su fallecimiento: "Ahora muere en Puerto Príncipe *El Solitario*, que amó su tierra ardientemente. Ni huyó el cuerpo ni cedió la pluma. Si no tenía más que un amigo el defensor de la patria, Francisco Agüero era el amigo. De cárceles y de peligros salía más fuerte y determinado que el nadador de debajo de las olas. La edad le comió las carnes y le royo la pobreza los vestidos. De una tristísima soledad tenía llenos los ojos. Cayó en su patria como si cayera en tierra extraña". Era este Francisco de Agüero, cuyo *nome de plume* era *El Solitario*, el abuelo de quien precisamente nos habla Emilia Bernal en su auto-biografía.

[xi]El retrato que del egregio Ignacio Agramonte y Loynaz nos ofrece Martí es no sólo el más elocuente de cuantos le corresponden, sino uno de los más precisos. *"Tenía la única elocuencia estimable, que es la que arranca de la limpieza de corazón"* —dijo de él. Y asimismo lo llamó—: *(...) Aquél que, sin más ciencia militar que el genio, organiza la caballería, rehace el Camagüey deshecho, mantiene en los bosques talleres de guerra, combina y dirige ataques victoriosos, y se vale de su renombre para servir con él al prestigio de la ley, cuando era el único que acaso con beneplácito popular, pudo siempre desafiarla"*. Martí aseguró asimismo que Agramonte *"domó de la primera embestida a la soberbia natural. (...)"* y añadió que *¡Acaso no h[ubiera] otro hombre que en grado semejante h[ubiera] sometido en horas de tumulto su autoridad natural a la de la patria!"*.

[xii]Quiere la tradición que el cuerpo de Agramonte haya sido incinerado, y sus cenizas aventadas, como provisión y previsión de las autoridades españolas de Puerto Príncipe, que de este modo se habrían ensañado con los restos del héroe, negándole cristiana sepultura, a la vez que evitaban que su sepelio diera lugar a algunas manifestaciones separatistas o anti-españolas, y que su tumba se convirtiera en lugar de peregrinación. Existe, sin embargo, al menos una versión que difiere de las razones que se apuntan generalmente, la cual resulta interesante por su singularidad, y procede del testimonio de un oficial español destacado en esta plaza. Sus declaraciones aparecen consignadas en la relación de un *Viaje a Puerto Príncipe en 1874* efectuado por un empleado consular de los Estados Unidos en La Habana. El manuscrito hasta hoy inédito, que corresponde a los fondos de la Biblioteca del Congreso de los Estados Unidos será publicado por este editor próximamente, precedido de una introducción y acompañado de notas el texto.

[xiii]Esta afirmación de la autora podría dar pábulo a algunas confirmaciones superficiales respecto al carácter y natural orgullo de los camagüeyanos. Me parece, sin embargo, una frase sin tales connotaciones. No creo que se trate de concederle a Agramonte para regatearle a otro cualquiera, sino de una expresión exaltada de la patria chica, del terruño por donde empieza necesariamente la patria grande. Por otra parte, hay que hacer la distinción debida

entre orgullo legítimo y fatuidad vanidosa. ¿Quién no siente orgullo por el rincón del universo que considera su primera patria? De esto a suponerlo superior en todo y a todo lo demás, hay largo trecho. La misma autora arremete sin esguinces de ninguna índole contra lo que le parece pedestre y, en otro sentido, *pequeño*, respecto del solar camagüeyano. En ello, no le va a la saga a otro de sus coterráneos, *El Lugareño*, que retrató con pincel firme y colores estridentes todos los que le parecieron vicios de su pueblo, y de su momento.

[xiv]"Del pasado siglo", se lee en el original, referencia que naturalmente corresponde al año en que escribe la autora su autobiografía. Teniendo en cuenta la existencia en el original, y nuestra corrección en la presente edición, de múltiples errores particularmente en lo que concierne al fechado, y para evitar cualquier posible confusión al lector, remplazamos "del pasado siglo" con "del siglo XIX".

[xv]Parece irónico cuando menos que la autora postule semejante idea, posiblemente muy arraigada en su época e *intelectualizada* por ella, quien no parece precisar las concomitancias entre lo que aquí afirma y el recuento del sufrimiento causado en ella por la burla de que se hiciera objeto a su padre. Hombre de gran cultura, extraordinaria curiosidad e incuestionable talento, y habiendo sufrido de niño un accidente que le costó la perdida de la audición — según nos lo retrata la autora— es éste un sujeto que, a pesar de sus muchas cualidades y empeños, resulta marcado socialmente a causa de su tartajeo y sordera.

[xvi]En vez de *halagado* o *gratificado*. La autora se saca de la manga, con acierto, este adjetivo deverbal que insufla una fuerza nueva a la cualidad normativamente expresada por un participio.

[xvii]Curiosamente, tal impresión tiene, y tal afirma, el viajero estadounidense del *Viaje a Puerto Príncipe en 1874* al describir la planta de la casa principeña, confundido seguramente por la perspectiva de muchas casas que ocupan gran extensión. (Ver próxima edición del manuscrito).

[xviii]"Su uso exclusivo entre nosotros", es evidentemente una frase de infeliz construcción que sugiere lo que no buscaba decir la autora. "Entre nosotros, el uso exclusivo [de este material]" nos parece adecuada a la intención.

[xix]Quienes recuerden, o hayan visto los descarnados muros de la Iglesia de La Soledad, podrán apreciar la exactitud de esta descripción.

[xx]En efecto, entre sus recuerdos más tempranos, este editor ve aún la blancura de las paredes exteriores e interiores contrastar con el color de los ladrillos y artefactos de barro. Algunos tiestos o macetas enormes de porcelana inglesa con sus toques y diseños azules aportaban su propia fisonomía al patio interior haciendo juego con los azulejos decorativos. Sin embargo, lo común a todas las casas lo constituían los primeros elementos. No recuerdo casas pintadas por dentro o por fuera de colores vivos, a la manera de otros centros urbanos coloniales de México o Colombia, por ejemplo. *William J. Clark* por su parte, da cuenta de haber visto tales colores en su libro *Comercial Cuba* aparecido en 1898. Dice el autor citado que *"la natural atracción española por los colores y la ornamentación se manifiesta en el exterior de las casas mediante el empleo de llamativos rojos, azules, verdes, grises y amarillos"* [en inglés en el original] (15). Sin entrar a analizar la propiedad de esta observación en lo tocante a *"la natural atracción española por los colores"* respecto a las fachadas, podría muy bien tratarse de una observación pertinente a otras urbes cubanas como La Habana, pero así como la arquitectura de las varias ciudades cubanas, sin estar reñida con un concepto general, asume sus particularidades locales, como atestigua entre otros hechos el trazado único de Puerto Príncipe, no debería darse por un hecho generalizado que el colorido acaso propio de ciudades portuarias como La Habana o Santiago de Cuba corresponda por defecto a ciudades como Puerto Príncipe o Trinidad con su tendencia conservadora que, caso de Camagüey, se manifiesta incluso en el lenguaje. La labor de restauración emprendida recientemente en Camagüey con fines turísticos, especialmente en lo que concierne al perímetro donde se halla la Iglesia del Carmen, y a pesar de que se aduce que esta labor ha estado en manos de expertos (¿alemanes?) y que se ha desarrollado con toda meticulosidad, el resulta chocante a este editor precisamente por el colorido. Me parece recordar que la fachada de la Iglesia del Carmen tenía un color pastel rosado, pero no así el resto del conjunto aledaño. Ésta, sin embargo, no es impresión de *experto*. Consignar el reparo obedece al interés de que asimismo se considere otra perspectiva. Lo verdaderamente interesante al respecto, sin embargo, en el texto de Emilia Bernal —y a juicio de este editor— es el hecho de que su impresión personal coincida con la de la autora, cuya autoridad al respecto habría que tener en cuenta tratándose de la ciudad de su niñez, y habiendo tenido lugar ésta a finales del siglo XIX.

[xxi]En el texto del manuscrito cuya publicación se anticipa, el viajero extranjero —domiciliado en La Habana— describe estos ladrillos como de forma más alargada y ancha, pero de menos altura que aquellos con los que estaba familiarizado. Se trataría en propiedad de un paralelepípedo, es decir, un "sólido de seis caras paralelas de dos en dos y cuya base es un paralelogramo" (*Pequeño Larousse Ilustrado*, 1984). Como sabe, un paralelogramo es un cuadrilátero cuyos lados opuestos son paralelos y cuya superficie la constituye el producto de su base por su altura.

La impresión que haría a la vista uno de tales ladrillos chatos o aplastados, haría pensar a nuestra autora en un imposible geométrico en tratándose de ladrillos, es decir, el paralclogramo.

[xxii]Dada la forma de la construcción empleada por la autora, la palabra *huésped* podría significar tanto *visitante* o *forastero* como *anfitrión*, —significados todos que corresponden al vocablo, aunque hoy se emplee menos con la última de las acepciones que se indican—. Como la autora es propensa al empleo del vocablo con un sabor añejo entreverado con los neologismo de su propio cuño, nos parece oportuno apuntar aquí esta posibilidad, si bien nos inclinamos a pensar, que se refiera al que está de paso, y no al que brinda asilo.

[xxiii]En vez de *hogareñas*. Sin dudas, la palabra *"hogarina"* suena más eufónica al oído.

[xxiv]Especie de tejadillo o saliente cubierto de tejas, de las viejas casas principeñas, que arranca de la pared del frente y se sostiene por lo general en tres puntos: dos a los extremos y uno en el centro. Estas bases empotradas en la pared suelen ser proporcionales. Son hechas de madera, y labradas (o torneadas) con buen gusto a manera de columnas pequeñas. El *guardapolvo* solía disponerse, casi al tope de la pared frontal, bien algo por encima del portón principal o puerta de entrada y salida de la casa. También se llamaba *guardapolvos* al saliente de tejas que podía colocarse justo encima del portón y de las ventanas embalaustradas. Las casas a veces contaban con ambas formas de *guardapolvo*.

[xxv]Enredadera o bejuco muy abundante en las casas principeñas de otra época. Su nombre científico parece ser *bromelia*. Pertenece a la familia de las *bromeliáceas* y es originaria de las Américas.

[xxvi]El lector interesado podrá cotejar esta descripción del exterior de una calle principeña que nos ofrece la autora, con la que nos presenta el autor del *Viaje a Puerto Príncipe,* cuando este manuscrito sea publicado.

El editor ha asumido la responsabilidad de arreglar la sintaxis de la autora para hacer más lógica y comprensible la frase.

[xxvii]Murado o amurallado.

[xxviii]En vez de *las tapias*. *Tapial* se llama más bien a los moldes con los que se construyen tapias. No hay dudas, sin embargo, de que *"los tapiales"* tiene buen timbre.

[xxix]La *ipomea* es la campanilla, de la cual existe gran variedad, y en Cuba se da silvestre en los campos. Para los días que preceden la Navidad se hallan en plena floración: blancas, amarillas, rosadas, azules. Por eso se les llama también *aguinaldos*, pues son como un regalo de belleza y colorido de la naturaleza con motivo de las pascuas. La *"estefanota"*, según la llama la autora, o el *estefanote*, es también una enredadera con flores acampanadas. La ipomea, según dá cuenta el *Diccionario Enciclopédico Sopena* (Tomo II / Editorial Sopena, Barcelona, 1954 (531)), corresponde al "género de plantas convolvuláceas, hierbas o arbustos de flores vistosas, fruto capsular y semillas gruesas. Entre sus especies se halla —concluye la fuente— la batata". ¿El boniato de Cuba? La quiscalia, según la define el propio diccionario, (Tomo III) es la "quiscuálida o quiscualis, género de planta combretácea, cuyas especies, propias de las regiones tropicales de Asia y África, son arbustos trepadores, de hojas opuestas y flores blancas o rojas, reunidas en racimos" (389). En efecto, los niños pequeños solían formar con estas flores collares que con las debidas licencias podríamos llamar "hawaianos".

[xxx]Polea de un pozo. Roldana. Sólo al oído privilegiado de la poesía podría sonar a música lo que más bien consiste en un chirrido, característico de este mecanismo. A ayudar en este propósito metafórico viene el empleo de la propia palabra *"garrucha"*.

[xxxi]Frasco o envase de barro vidriado para almacenar o conservar líquidos. Por extensión cualquier botella.

[xxxii]En Cuba se llama comúnmente *azucena* al nardo. La azucena propiamente dicha es otra flor.

[xxxiii]La *mariposa* es la flor nacional de Cuba, y también la planta que la da. Se la llama así sin dudas en virtud del parecido que guarda la flor con una mariposa —aquí en su primer sentido de insecto lepidóptero, con vistosas alas, que liba el néctar de las flores. Además de su forma, la flor de la mariposa se caracteriza por emanar un aroma delicado. Tres son las variedades que se conocen: la amarilla, la rosada (de un rosado casi blanco) y la blanca propiamente dicho, que es el color emblemático de la flor nacional. También en Cuba, se conoce por este nombre un pajarito al que Ernesto Lecuona dedicó una de sus más bellas canciones.

[xxxiv]La palabra *"fábricas"* en este contexto no debe confundirse con su sentido más actual y común de lugar para la elaboración o fabricación de instrumentos, medios u objetos, sino en el sentido de *edificaciones* o *inmuebles*.

[xxxv]Recuérdese que con la intervención americana tiene lugar en el país una campaña de higienización, a partir del descubrimiento del vector o agente transmisor de la fiebre amarilla, epidemia ésta a consecuencia de la cual morían cada año muchas personas, no sólo en Cuba. Dicho descubrimiento se debe al científico principeño Carlos Juan Finlay, hecho hoy plenamente reconocido, aunque entonces se le escatimara el reconocimiento a favor de la comisión médico-militar norteamericana encargada de vulgarizar el hallazgo científico y de imponer las medidas de saneamiento que Finlay antes que ninguno otro, había recomendado. Existe en la Zona del Canal, en la actual

República de Panamá, un monumento con su placa conmemorativa mediante el cual se reconoce el mérito del científico cubano y se honra su memoria. Para mayor esclarecimiento del asunto, ver la reseña biográfica de C. J. Finlay escrita por el historiador Herminio Portell Vilá. También en la ciudad de Philadelphia, frente a la *Thomas Jefferson University*, donde Finlay, cursó estudios (también lo hizo así en Francia) existe un monumento que conmemora a los grandes de la medicina mundial, y entre los nombres se inscribe el de Carlos Juan Finlay.

[xxxvi]En su bellísimo cuaderno de apuntes, *Un verano en Tenerife*, Dulce María Loynaz nos ofrece igualmente una bella y más pormenorizada descripción del tinajero y su piedra para filtrar, mueble y artefacto que, por otra parte, le resultan novedosos a la autora como si se tratara de algo ajeno al ambiente en el que creció, a diferencia de lo que ocurre con doña Emilia.

[xxxvii]Fanal de cristal dentro del cual se colocan las velas para evitar que el viento las apague.

[xxxviii]Lugareños y forasteros parecen tener diferentes impresiones para juzgar la singular fisonomía urbana de Puerto Príncipe (hoy Camagüey). El autor del *Viaje a Puerto Príncipe en 1874* en su manuscrito compara esta característica con la misma de la ciudad de Boston, la cual atribuye al capricho de las vacadas y otros rebaños que trazaban trillos y senderos posteriormente ensanchados y macadamizados por los habitantes de la ciudad y convertidos en calles. Por otra parte, el obispo Morell de Santa Cruz en un documento hasta hoy al parecer inédito que se halla en el Archivo General de Indias en Sevilla, y a propósito de una visita que su Ilustrísima hiciera a la villa en 1756, aunque exalta la riqueza y señorío de la misma al decir que "a excepción de La Habana, no hay pueblo alguno en la Isla que lo exceda ni aún lo iguale", se queja del trazado enrevesado de sus calles aduciendo que, "las muchas callejuelas que incluye [el trazado urbano] [lo] cortan y desgracian". Otros autores, así como la tradición popular, atribuyen esta disposición arbitraria de callejuelas y callejones no siempre en línea con las calles principales a un intento estratégico para defenderse del ataque de corsarios y piratas, atraídos precisamente por el mérito y riqueza del lugar. El propio *Henry Morgan*, consiguió tomar por la espalda la población, desembarcando en la costa sur y adentrándose campo traviesa hasta la villa, la que, pese a la encarnizada resistencia de los vecinos penetró y saqueó, además de cometer innúmeros desmanes. En todo caso, el laberinto principeño goza de la reputación de haber sido urdido con la intención de *"perder a los piratas"* y dar una ventaja estratégica a los lugareños conocedores del terreno. Es obvio que Emilia Bernal comparte la opinión local de que lejos de tratarse de un engorro, la singularidad del trazado de sus calles constituye en sí mismo un rasgo digno de nota.

[xxxix]Otro de los nombres que se da a Camagüey es el de *La ciudad de las iglesias*. Y ha llegado a afirmarse, sin dudas con ánimo de ilustrar los desmanes cometidos por *Morgan* en su saqueo de la villa, que *"cargó hasta con las campanas"* de las mismas, las cuales se habría hecho llevar a los barcos surtos en puerto junto con varios rebaños de vacas, y otros ganados, así como cueros, etc., a cambio de respetar la vida y la tranquilidad de los habitantes de la villa, en particular de las mujeres retenidas en calidad de rehenes. Las campanas vienen a representar, en virtud de una identificación sinécdótico-metonímica, a las iglesias, y éstas a la ciudad y su prosperidad como centro urbano en la época colonial. La propia Emilia Bernal tiene un bellísimo y extenso poema dedicado a la campana que dobla desde la Iglesia de La Soledad, que el editor de este libro consigna en el Apéndice 2.

[xl]Aunque en el texto de la primera y segunda ediciones se lee 1898, resulta obvio que se trata de una errata. La Real Audiencia se trasladó de Santo Domingo a Puerto Príncipe el año 1800, después de suscrito el Tratado de Basilea por el que España cedió a Francia la soberanía total sobre La Española, territorio insular que hoy ocupan la República Dominicana y la República de Haití. Además, así lo consigna la autora en otro de sus trabajos, la serie de conferencias reunidas por ella con el título: *Cuestiones cubanas para América* ((51) Madrid, Imp. G. Hdez y Galo Sáez, 1928).

[xli]Aunque sólo destaca en la historia de Cuba —como hecho aislado y singular, sin dudas magnánimo— el acontecimiento de la manumisión de los esclavos por parte de Carlos Manuel de Céspedes en el momento de llamar a los cubanos a la lucha por la independencia, podría darse cuenta de, al menos otros dos casos ocurridos con anterioridad. En el primero de ellos (véase la nota x) Joaquín de Agüero manumitió a sus esclavos ante notario, lo que le granjeó las suspicacias y la animosidad de algunos vecinos y las autoridades coloniales por igual; en el segundo, sería el abuelo de la propia Emilia Bernal quien, además de liberar a sus esclavos les proporcionaría refugio seguro poniendo a nombre de su dotación la propiedad conocida por el elocuente nombre de *Santa Rosa de los negros libres*.

[xlii]La descripción subsiguiente se corresponde a la impresión que ofrece también Salvador Cisneros Betancourt tanto en su correspondencia con Delmonte como en varios cuadros costumbristas, ponderando la brutalidad o rusticidad de estas prácticas, que él explica con arreglo al atraso.

[xliii] Por la descripción del mismo nos parece que se trataba de un juego semejante al actual de la piñata, cuya proveniencia parece ser mexicana, aunque el editor desconozca la fecha aproximada de su introducción y popularización, y no esté absolutamente seguro de su origen mexicano.

[xliv] También se observan características del juego llamado en Cuba *de la gallinita ciega*, juego éste que con ése u otro nombre debe haberse jugado en España y el cual se ilustra en uno de los muchos cromos pintados por Goya.

[xlv] Del italiano *cuccagna*. Palo largo untado de jabón o cebo por el cual se ha de trepar, o andar en equilibrio con el fin de alcanzar un objeto atado en su extremidad, que constituye el premio mismo al esfuerzo bien empleado. Era común que el palo estuviera rematado en una rueda de cuyos radios colgaban los objetos, en caso de tratarse de más de uno los premios. Como figura de lenguaje significa, por el contrario, y un poco contradictoriamente, premio que se consigue sin mayor aplicación o esfuerzo.

[xlvi] Don José Calixto Bernal y Soto, tío-abuelo de la autora, (Puerto Príncipe 14-10-1804; Madrid 20-12-1886) graduado en leyes de la Universidad de La Habana (1822) volvió a Camagüey para ejercer allí la abogacía. Fue de los fundadores y vocales de la Academia de Jurisprudencia de esta ciudad, y más tarde del Colegio de abogados. Permaneció en Puerto Príncipe desde 1822 hasta el año 1834, cuando pasó a residir en Madrid, España, hasta el año de 1837 en que volvió al *Príncipe*. Después de ejercer nuevamente la abogacía en su ciudad natal pasó a La Habana con el cargo de fiscal de dicha Audiencia. En 1841 visitó por primera vez Francia, Inglaterra, Alemania, Italia, Suiza y Portugal, y de nuevo España. Se estableció en Madrid con carácter definitivo donde vivió los últimos cuarenta años de su vida. Fue un colaborador asiduo y muy valorado de las principales publicaciones de la Península: *La Discusión, La Reforma, Las Antillas, El Sufragio Universal, la Revista Hispano-Americana, La América, El Jurado, La Reforma* y *El Demócrata*, entre otras. Desde la prensa abogó activamente por que se produjeran reformas políticas de beneficio para Cuba. Se cuenta asimismo entre los *ateneístas* fundadores de la institución madrileña. Sirvió como comisionado por Puerto Príncipe a la Junta de Información que alentaba cambios políticos para la isla de Cuba. Se le atribuyen varios poemas y una pieza teatral, pero lo principal de su obra, y la parte más conocida y reconocida de la misma son sus ensayos y artículos políticos, en particular el trabajo llamado *Teoría de la autoridad aplicada a las naciones modernas*, que gozó de gran acogida y fue traducido al francés.

[xlvii] Acaso no existieran colegios para sordomudos en esta época donde llegaban a escasear las escuelas de instrucción ordinaria, pero se trata apenas de una conjetura de este editor.

[xlviii] Don Emilio Castelar, político, orador y escritor español nacido en Cádiz en 1832 y fallecido en Madrid en 1899. Luego de un breve exilio en Francia, (1866) y tras la proclamación de la Primera República Española (1873) fue el cuarto y último de sus presidentes. Con la Restauración se alejó de la política para dedicarse a su labor como investigador e historiador.

[xlix] No tenemos otras noticia de este invento. Han llegado hasta nosotros, sin embargo, referencias a otro inventor de técnicas o medios, los cuales no podría precisarse si son de grabado u otra forma de impresión, como el *Calcañotipo*, así llamado por su autor Francisco Calcagno (o Calcaño). En esencia la técnica del grabado consiste en trazar con un buril (burilar) punzón u otro instrumento similar, una figura, caracteres, etc. sobre una lámina de metal que puede estar hecha de acero, cobre u otro material semejante, o sobre una tabla de madera. Grabado se llama asimismo a la pieza resultante. El aguafuerte, la xilografía y muchas más son variantes del arte del grabado.

[l] La autora emplea en el original el verbo "ver" tal y como puede ser empleado coloquialmente, pero que en este contexto particular resulta desconcertante o equívoco, pues parecería afirmar precisamente lo que se niega. Es decir, la madre en verdad no podía verla, sino que escuchaba a la pequeña. Vaya un sentido o sus propiedades por el otro.

[li] El desenfado de este texto de la Bernal evoca por contraste aquellos versos de Martí: "Temblé una vez –en la reja, / a la entrada de la viña/ cuando la bárbara abeja/ picó en la frente a mi niña/" (*Versos Sencillos* Edición de Iván A. Schulman, Cátedra, Madrid 1985 (180)).

[lii] ¿Concebidos? ¿*Esbozados*?

[liii] Julián del Casal la retrata de la siguiente manera: "Una estatua de jaspe rosado, coronada de nieve. Los ojos verdes, de un verde marino, lanzan miradas severas, atenuadas por cierta dulzura femenina, y cierta melancolía secreta, Los labios, color de fresa, se ve entreabren ligeramente para dar paso a una sonrisa, ciérranse al punto con fría rigidez. Hay en el conjunto de su figura la majestad de una patricia romana y la gracia de una duquesa del siglo dieciocho. Tal es, a vista de pájaro en lo físico". (*Prosas, Sección IV, Bustos*, La Habana, Consejo Nacional de Cultura, 1963, t. I, (267 – 271). José Lezama Lima la incluye en su *Antología de la poesía cubana*, La Habana, 1965 (405 – 410). Dirigió la edición conmemorativa de las obras de Gertrudis Gómez de Avellaneda siendo ya una anciana. Hoy es, tanto como Emilia Bernal, una total desconocida incluso en su ciudad natal. Su casa, contigua a la

casa donde nació Carlos J. Finlay, ambas muy cerca de la catedral de Camagüey se hallan desde hace mucho tiempo en estado ruinoso, de carácter posiblemente irreversible.

[liv]Por ocupaba. Decorar significa propiamente adornar, embellecer. La autora se refiere posiblemente a un efecto logrado por el paño colgado antes que a su propósito primario.

[lv]*"Por lo que él creía de buena fe"* parecería una ingenuidad. *"Por [aquello en] lo que él creía de buena fe"* se refiere a un ideal o convicción.

[lvi]Esta expresión podría referirse tanto al "bien público" o "higiene social", como a la higiene o salud en el sentido que damos al concepto hoy día. El hecho de que la autora prodigue los términos "salud pública" e "ideas políticas" da pie a pensar que pudo tratarse de la salubridad tal y como la entendemos hoy, lo que vendría a situar a su señor padre a la avanzada de su tiempo no sólo en materia de impresión e inquietudes de diversa índole, sino particularmente en cuestiones que constituirían la preocupación de científicos como Carlos J. Finlay. Por otra parte, podría asimismo tratarse de una simple figura de reiteración empleada por la autora.

[lvii]Es de notarse que, según la afirmación de la autora, la posesión de los medios de imprenta para publicar un periódico estaban al alcance de un hombre como su padre, que no era precisamente adicto al sistema colonial. ¿Cuán extendido era este fenómeno? ¿Se trataba de un hecho más bien común en la región de Puerto Príncipe? ¿O se extendía éste a toda la Isla? ¿Se trataba acaso de un hecho circunscrito a este momento? La autora nos dice que *"siempre* contó su padre con imprenta en su casa". ¿Tenían conciencia del hecho las autoridades? ¿Hasta qué punto ejerció o pudo ejercer un efecto sobre el común de la población *la liberalidad* o tolerancia —según se desprende del testimonio de la autora — en materia de impresos, incluso si ésta no alcanzaba al aspecto de las ideas políticas? ¿Cesó esta actitud más o menos permisiva en lo tocante a impresos, cuando la censura se volvió más firme con la radicalización del ideario revolucionario y el endurecimiento de las posiciones de las autoridades coloniales? ¿Qué papel pudo jugar en lo relativo a la labor de impresión el conocimiento que del arte y la técnica del grabado poseía el padre de la autora? Preguntas todas que deberá formularse e intentar responder quienquiera que se ocupe del discernimiento de la época en cuestión, superado el aspecto emotivo que afecta tanto a cubanos como a españoles y muchas veces impide o ha impedido a los investigadores ver con claridad más allá de las afirmaciones en redondo.

[lviii]El Casino Campestre está considerado el parque natural urbano más grande de Cuba. Se inauguró como tal en 1860 y a principios del siglo XX sufrió las primeras modificaciones tendientes a urbanizarlo.

[lix]La autora asume aquí el tono admonitorio y moralista que adopta a ratos, y de lo cual es buen ejemplo su introducción a la *Biografía de Joaquín Agüero*. En esto emula a su coterráneo *El Lugareño* cuando la emprende contra la abulia o indiferencia local respecto a su proyecto de línea férrea.

[lx]La industria representó por mucho tiempo —ciertamente para la visión decimonónica de progreso— lo que el desarrollo cibernético representa para nuestra época.

[lxi]Tal vez lo más terrible para él no fuera que no hubiera conocido los sonidos, sino que habiéndolos conocido se viera privado de este sentido a consecuencia del accidente.

[lxii]En Cuba se llama así a una semilla o *frijol* de color rojo con una *uña* negra o blanca, que emplean los muchachos para jugar. A veces se la emplea para hacer collares, ensartando los mates en ringlera. Ninguna relación con la planta del mismo nombre cuyas hojas se emplean en Argentina y Paraguay para hacer una tizana llamada también *té del Paraguay* y *té de jesuitas*.

[lxiii]Por relato, relación o recuento. Obviamente no se trata de una fantasía. En el lenguaje popular de Cuba (y tal vez de otros lugares) se emplea la palabra *cuento* con excesiva liberalidad. Así pues, un chiste puede ser *un cuento*, y lo mismo cualquier relato, independientemente de su naturaleza.

[lxiv]Ya en la época republicana pasó a llamarse Parque Ignacio Agramonte, nombre que sigue ostentando. De entonces data el hermoso monumento que lo preside en cuyo conjunto se destaca la estatua ecuestre de *El Mayor*, debida al escultor italiano Aldo Gamba. También en la República, y como parte de las labores de transformación de la antigua Plaza de Armas se elevó la altura del parque. A partir de 1959, en que todos los departamentos y administraciones pasaron al control de las nuevas autoridades, "revolucionarias", los monumentos y lugares públicos que no fueron demolidos o dañados, cayeron en un abandono intencional. Por más de cuarenta años, el abandono del cuidado del parque ocasionó el deterioro de sus estructuras, bancadas y pisos de granito. Al costado mismo del parque se deterioraba también a ojos vistas, y sin que estuviera en manos de las autoridades eclesiásticas prevenirlo, la que fuera Iglesia Parroquial Mayor en época de la colonia, y era desde hacía muchos años la catedral de la diócesis. Muy cerca del lugar se desmoronan aún las casas respectivas de Aurelia Castillo de González y Carlos J. Finlay. El interesado y súbito afán turístico oficiales determinaron recientemente la urgente restauración de la catedral y del parque. Estas faenas de restauración de discutible acierto, al menos en lo que al parque respecta, pretenden haber devuelto su aire original a la plaza, habiendo rebajado nuevamente la altura del parque al ras del

suelo y abriendo una calle peatonal que debió existir entre la catedral y la plaza. Más parece un intento de escribir borrando la huella de la era republicana, que con sus aciertos y desastres es *también* un hecho histórico.

[lxv] Resulta curioso comprobar que la descripción de esta región del Camagüey, por la misma época, y las experiencias allí vividas por la autora correspondan en múltiples aspectos y detalles a la descripción que nos ofrece el autor de *Viaje a Puerto Príncipe*.

[lxvi]Como corolario de este viaje escribió Emilia Bernal unas páginas que son asimismo extensión del recuento de su niñez, y que insertó en su libro *Sentido (Prosas)* del año 1938. En dichas páginas nos da cuenta la autora de otro viaje que hizo a Las Minas (o simplemente Minas, como se le conoce hoy día) ya de adulta, con el propósito de encontrar su casa, y del desencanto de haberla hallado. El texto íntegro que da cuenta de tal excursión se reproduce aquí, como apéndice a esta edición de la autobiografía. (Ver Apéndice 4)

[lxvii]Se refiere la autora a la llamada *palma cana*, que se cuenta entre las productoras de *guano*. No se trata, naturalmente del excremento, así llamado, de los murciélagos, y depositado en las cuevas habitadas por ellos. Las diferentes plantas que producen unas hojas (o pencas) apropiadas para cobijar o techar los bohíos y otras construcciones de los campesinos se conocen todas por *matas de guano*: el yuraguano, (o la yuraguana) la palma cana, etc. De la hoja y de otras partes de la planta se extrae una fibra utilizada en la elaboración de *empleitas*, o tiras trenzadas con las que se tejen *jabas* (bolsas), cestos y canastas de toda clase, amén de muchos otros objetos.

[lxviii]En Cuba, nombre común de un pez de agua dulce, que se caracteriza por su buena carne. Se aduce que cuando este pez vive en aguas represadas o estancadas su carne desmejora y llega a adquirir un sabor a fango.

[lxix]En lugar de *desternillaba*. (Uso campesino común en Cuba).

[lxx]Forma vernácula que busca ser eufemística y evitar el empleo de *molesta*, considerada más dura. Significa *contrariada*.

[lxxi]Poner *en penitencia* o *de penitencia*. Castigo que se imponía a los niños, bien se tratara de una prohibición, o de retirar un privilegio, o de un castigo corporal que podía consistir de permanecer de pie en un rincón, con el rostro vuelto a la pared, o —con más severidad— de hincarse de rodillas sobre una esterilla, a rodilla pelada sobre el piso, o sobre piedrecitas o granos de maíz cuando los padres o maestros eran particularmente severos o crueles. En ciertos casos se podía obligar al infractor a arrodillarse sobre un *guayo*. Tal no sería, ni con tanto, el caso de nuestra autora, cuyos padres además de dar muestras constantes de tolerancia parecen haber poseído una sensibilidad a la que los castigos corporales debían repugnar.

[lxxii]*Eternos* por ubicuos. Obsérvese asimismo que la descripción de la escuela que nos hace la autora no es en esencia muy distinta de la imagen de la escuela cubana de hoy, a pesar de lo que la propaganda oficial intenta hacer creer con miras al extranjero, pues si bien es cierto que en los primeros años del actual régimen se dedicó un empeño particular —correlato del propósito propagandístico y catequístico perseguido— a mejorar aulas, a crear nuevas escuelas y a dotar de maestros las ya existentes, (amén de la llamada *Campaña de alfabetización)*, y con posterioridad a ello, en la medida en que el régimen dependía más y más de "*la generosa ayuda fraternal soviética*", el sistema educativo impuesto a la población contó con los recursos para impulsar la creación de innumerables *Escuelas en el campo* —donde se aislaba a la masa de niños y jóvenes en áreas rurales y se les separaba de sus padres y demás familiares por largos períodos de tiempo en cuales la *pedagogía revolucionaria* empleaba a los educandos en labores productivas sin remuneración, aunque se aduce que la educación es y ha sido siempre gratuita— las instalaciones eran con frecuencia precarias y su mantenimiento se descuidaba u olvidaba por completo, lo que en poco tiempo revelaba las deficiencias de todo orden de los inmuebles. El editor habla por experiencia propia, tanto en su calidad de alumno interno como de profesor en tales centros.

[lxxiii]Podría tratarse de una errata, o bien la autora emplea el masculino contradictoriamente, cuando nos ha dado la impresión de que sus condiscípulos son todos niñas.

[lxxiv]Me sorprendió.

[lxxv]Luciérnaga. *Cocuyo* o *cucuyo* es voz usada en Cuba, posiblemente de origen taíno. En la Isla de Puerto Rico se dice *cucubano*. En el campo de Cuba abundan los cocuyos que pueden ser más grandes o más pequeños; casi del tamaño de un dedo índice no muy grande, los primeros, y como del tamaño de una falange del mismo dedo, los segundos. Por lo general tienen el cuerpo recubierto por una caparazón de color negro intenso y muy brillante. Otras son de color tabaco claro. Se diferencian considerablemente de otras luciérnagas en otras partes. Los niños solían reunirlos para llenar con ellos un envase de cristal de manera que la luz que irradiaban *los cocuyos* diera la impresión de una lámpara o farol de mano. Se los alimentaba unos días con trocitos de caña debidamente pelada, pues se presumía que la miel de la caña les gustaba mucho, o como se decía: *les privaba*, que debía ser el colmo de la satisfacción. También se colocaba *boca-arriba* uno de estos insectos sobre la mesa u otra superficie cualquiera para formularle preguntas del género: ¿cuántos novios o novias voy a tener cuando sea grande?; ¿Cuántos cachorros

va a tener mi perra o gata?, etc. El número de saltos que diera *el cocuyo* colocado de bruces, intentando ponerse sobre sus patas, debía constituir la respuesta anhelada. Los cocuyos eran también objeto de cuentos campesinos en los que podía tratarse de las almas de los indios alumbrándose para encontrar la salida del purgatorio, o bien de guías que debían llevar al valiente hasta donde había enterrada y oculta una botija llena de doblones, y otros por el estilo.

[lxxvi]Luisa Pérez de Zambrana, nació en la finca Melgarejo en El Cobre, antigua provincia de Oriente el 25 de agosto de 1835 o 1837, y murió en Regla, La Habana, el 25 de mayo de 1922. Fue a ella a quien se designó para coronar a la Avellaneda en el teatro Tacón. Véase en el apéndice correspondiente, la transcripción completa del poema recitado en la niñez por la autora, cuyo título es *«Mi casita blanca»*.

[lxxvii]Participó de los trabajos de la Junta Cubana de Nueva York. (Ver el final de la nota X)

[lxxviii]Ver colofón de la nota X para recordar la valoración que de él hizo Martí al momento de conocerse su muerte. Cita de la autora.

[lxxix]Su poema *«Lo bello»* que reproducimos al final de este trabajo, (Apéndice 3) aparece recogido por Adrián del Valle en su *Parnaso cubano*, Casa Editorial Maucci, Barcelona, 1906, y asimismo la incluye José Manuel Carbonell en el tercer tomo de *Evolución de la cultura cubana (1608 – 1927) La poesía lírica en Cuba*, La Habana, Impr. Siglo XX, 1928. El resto de su producción parece haberse perdido. Muy joven enfermó de tuberculosis, y murió temprano.

[lxxx]Fundado en el año 1850 es, con el «Sauto» de Matanzas, uno de los primeros teatros fundados en el país. En 1926 se completó una restauración parcial del edificio. Se preciaba de él especialmente la acústica del foso, considerada legendaria. No obstante, se usó cada vez menos como teatro y más como cine. Hasta los años setenta del siglo XX conservó —según recuerda este editor, que muy joven entonces, aún residía en Camagüey, y era asiduo a las funciones que allí tenían lugar— sus características originales: palcos de apariencia más barroca que decimonónica, circundados por molduras doradas, butacas tapizadas con fieltro de color cárdeno, como también el pesado telón añoso que encubría la pantalla de proyecciones y se descorría, antes de empezar la película, arañas de cristal muy finas que iluminaban la sala, (sin dudas añadidas cuando el uso de la electricidad se hizo extensivo) etc. y algunos ventiladores de paleta sin dudas añadidos también en cierto momento. El edificio se cerró con el propósito de restaurarlo a sus primeras glorias —cuando era obvio que en la ciudad no sucedía nada de significación (y a veces ni siquiera sucedía nada) en materia teatral o de espectáculos, excepción hecha de las funciones del *ballet* local—. Se adujo que sería la sede del *Ballet* de Camagüey, como en efecto lo es actualmente. Se empleó un tiempo extraordinario en las labores de restauración, y se acabó la paciencia de alguien que tenía como miras —según rumoraba la voz popular— entregar a Fidel [Castro] el proyecto terminado un 26 de julio en que éste *hablaría* en Camagüey. Se apresuraron las labores, y fuera como consecuencia del apuro o tratárase de una contradicción anterior, se *"modernizó"* todo el interior del teatro. El foso fue rellenado con hormigón y se dio al traste con todo el esplendor del interior. Hoy el Teatro «Principal» de Puerto Príncipe, aunque poseedor de una fachada y un vestíbulo espléndidos, gracias a la labor de restauración a que se hace referencia, es en su interior un teatrico cualquiera, que sólo en la mentalidad más parroquiana puede considerarse una *"adquisición de la modernidad"*, como llegó a decirse. Otro fue el criterio seguido en la restauración del «Sauto», donde sí se respetaron las formas originales. Criterio semejante al empleado por los restauradores del «Principal», aunque por razones distintas, es decir, inspirados y amparados por las sesiones del Concilio Vaticano II, siguieron los sacerdotes belgas de orientación socialista que desarbolaron y suprimieron el antiguo altar de la Iglesia de Santa Ana por resultar contrario a su ideal de simplicidad y pobreza cristiano-socialista.

[lxxxi]Antonio Maura y Montaner, nació el 2 de mayo de 1853 en Palma de Mallorca, en el seno de una familia acomodada, y falleció el 13 de diciembre de 1925 en Torrelodones (Madrid). Cursó estudios de leyes en Madrid durante el *Sexenio Revolucionario* (1868-1874). En 1881 comenzó su carrera política en el Partido Liberal como diputado por Mallorca. En 1886 fue nombrado vicepresidente del Congreso y en 1892 ministro de Ultramar. En noviembre de 1894 ocupó la cartera de Gracia y Justicia. Fue uno de los más destacados representantes del regeneracionismo posterior a la crisis de 1898. Ingresó en la Real Academia Española en 1903, y llegó a dirigir la institución.

[lxxxii]Buenaventura Abarzuza, nació en La Habana en 1843. Sirvió como embajador en Londres durante la «República del 73». Amigo político de Castelar, ingresó en el campo monárquico al ser disuelto el Partido Posibilista. Sustituyó a Maura como ministro de Ultramar en 1894 bajo la presidencia de Sagasta. Formó parte de la delegación negociadora del Tratado de París de 1898. Fue ministro de Estado (1902) bajo la presidencia de Silvela. Murió en Madrid en 1910.

[lxxxiii] Entre los documentos de la Junta Cubana de Nueva York, que se conservan en la Colección de Manuscritos de la Biblioteca del Congreso de los Estados Unidos, existen varios poemas de intención satírica que se refieren a las gestiones de la Junta de Información promovida por Maura. (Ver apéndice correspondiente).
[lxxxiv] El original consigna *Jatibonico*, cuando el nombre de este río es *Hatibonico*. No sólo la autora, sino otros lugareños se confunden a veces y dan el nombre del segundo de los ríos al primero.
[lxxxv] La que luego sería conocida por el nombre de República, que hasta hoy ostenta.
[lxxxvi] Escritor costumbrista. Nació en La Habana el 23 de marzo de 1843 y murió en la misma ciudad el 8 de junio de 1885. Desde 1863 colaboró en publicaciones periódicas. Fundó en unión de Isaac Carrillo y Aurelio Almeida la revista *Rigoletto* en 1866, de intención satírica. En 1868 se desplazó a *Nassau* donde se incorporó a la expedición del *Galvanic*, que allí se alistaba. Hasta el año 1878 en que termina la guerra se mantuvo entre las filas de los combatientes mambises. Ocupó varios cargos de relieve en esos años decisivos entre los que se cuenta el haber llegado a ser presidente de la Cámara de Representantes de la República en Armas. Colaboró con la prensa mambisa en particular, y con posterioridad con las más diversas publicaciones. Al fin de la Guerra de los Diez Años, se dedicó a la práctica de la abogacía, la enseñanza y el periodismo, que nunca abandonó.
[lxxxvii] En el original, "*cocotazo*", como de común suele decirse.
[lxxxviii] De la tendencia de la autora a cambiar el género a los objetos más diversos nos da cuenta ella misma al decir que había de llamar *sombrera* al sombrero, pese a las correcciones de que era objeto. Aquí se refiere al pajarito llamado mariposa llamándolo *mariposo*. (Véase también la nota xxxv más arriba).
[lxxxix] Ave o pájaro emblemático de Cuba a causa de su plumaje en el que se combinan el blanco, el rojo y el azul de la enseña nacional, además del verde. Hoy prácticamente extinto debido a la indiscriminada tala de árboles en su hábitat natural. *Tocororo* y no *tocoloro*, como con frecuencia se dice. Su nombre científico es *Trogon temnurus*. Pertenece a la familia del Quetzal guatemalteco, que es la de los Trogónidos. Habita en las alturas, sobre todo de las sierras. No puede vivir en cautiverio. Se alimenta del aguacatillo y otros frutos silvestres. Anida en los huecos de los troncos de los árboles.
[xc] Curioso apareamiento entre la tradición oral y la tradición literaria. Se trata del fragmento de una conocida décima de Juan Cristóbal Nápoles y Fajardo, *El Cucalambé*, natural de Las Tunas, (¿1829?) quien se diera a conocer en 1845 en *El Fanal de Puerto Príncipe* con la publicación de sus décimas. Nápoles Fajardo, apoyó mediante proclamas y décimas patrióticas la Conspiración de Agüero (1851) y estuvo vinculado a otras conspiraciones posteriores. Su obra, aunque impresa, llegó a asumir dada su popularidad el carácter de obra de tradición oral. Los campesinos recitaban de memoria sus poemas indigenistas o de tema criollo, y *los mambises* los recitaban en sus campamentos en el curso de las tres guerras. Nápoles Fajardo murió presumiblemente en Santiago de Cuba (¿1862?) sin dejar huellas, a los treinta y dos años. Se especula que por mano propia. Había terminado por aceptar en Santiago de Cuba, a donde se trasladó con su familia, el cargo de Pagador de Obras Públicas. El empleo del seudónimo parece haber obedecido a la necesidad de proteger su nombre del ataque de enemigos que, en algunos casos, le echaban en cara lo que veían como una claudicación de sus principios. Curiosamente, *Cucalambé* es anagrama de la frase "A Cuba clamé" Figura importante dentro del Movimiento siboneyista con su libro *Rumores del hormigo* (1851), es autor además de varios volúmenes de poesía, (que corresponden a la vertiente romántico-criollista) y del drama en cuatro actos, escrito en versos *Consecuencias de una falta*, publicado en Santiago de Cuba, en 1859.
[xci] Expresión habitual en lugar de *me echaba de...* o *me lanzaba de...*
[xcii] Baile tradicional de los campesinos cubanos, tiene en común con otros bailes típicos de Andalucía y otras regiones españolas, o americanas, el consabido *zapateado* y las figuras coreográficas pensadas para el lucimiento individual de los bailadores. Algunas de estas características, modificadas, se observan asimismo en bailes *de cajón*, como el guaguancó, que corresponden a un ambiente urbano.
[xciii] En Cuba se llama piñón habitualmente a un árbol que rara vez crece por sí mismo, y el cual sirve a manera de postes para cercas. Sus flores son de color rosado pálido con algo de más color hacia el centro. La madera de este *árbol-poste* es dura y los árboles pueden alcanzar una larga vida y considerable grosor. Existe también el llamado piñón *botija*, que nada tiene que ver con el anterior, y del que se dice que si se le hiere en Semana Santa, sangra en memoria de la sangre de Cristo. Las madres solían prevenir a los niños de que no lo hicieran. El resto del año, dicha savia es de color lechoso.
[xciv] En la América de lengua española, y en las Filipinas se da comúnmente el nombre de *ciruelo* a una o varias especies diferentes y sin relación alguna con el árbol fructífero de ese nombre en Europa o los Estados Unidos. En Cuba existen dos variedades de *ciruela*: la roja y la amarilla. Ésta última es quizás más estimada por su tamaño y sabor. Antes de madurar pueden ser encurtidas en agua con sal, y, aunque de una pepa mayor que la de una aceituna,

tienen un sabor semejante. El *Diccionario Básico Espasa* (tomo iv p. 1324) dice que en Cuba y México se conoce con el nombre de ciruelo a un árbol de la familia de las anacardiáceas, cuyo nombre científico es *spondias mombin*. También en Cuba, y según el citado *Diccionario*, se llama ciruelo a varias malpigiáceas. El *Pequeño Larousse* por su parte nos dice del *hicaco* que se trata de una planta natural de las Antillas, y nos habla del parecido de su fruta y sabor con el de una ciruela del tipo *claudia*. Se trata, sin embargo, de un arbusto.

[xcv]Por lo que a mí respecta.

[xcvi]Una descripción parecida del paradero y de la plaza militar ofrece en 1874 el autor de *Viaje a Puerto Príncipe*, manuscrito a que ya antes se ha hecho referencia. Arsenio Martínez Campo, militar y político español, nació en Segovia en 1831 y murió en Zarauz en 1900. Fue profesor de la Escuela del Estado Mayor. Tomó parte en las guerras de África, de México, de Cuba y en la última guerra carlista. Sirvió a las órdenes de Prim en la primera guerra de África, y en la campaña de México en 1862. Tras la revolución del 68 pidió destino en Cuba, donde permaneció hasta 1872. De regreso a España apoyó, desde el gobierno militar de Cataluña, el Pronunciamiento de Pavía contra la Primera República. Durante la duración de la misma luchó contra los cantones independentistas de Valencia y Cartagena. En diciembre de 1874 se pronunció en Sagunto, proclamando a Alfonso XII como Jefe del Estado y rey de España. Con posterioridad fue nombrado Capitán General de Cataluña, tras vencer a los carlistas en Cataluña y Navarra. Una vez iniciada la etapa de la Restauración, fue nombrado Capitán General de Cuba en 1876. Logró la paz de El Zanjón firmada en 1878, proclamando una política de cierta tolerancia. De regreso a España y, tras presidir un gobierno conservador en 1879, bajo la sombra de Cánovas, se pasa a las filas liberales, y es nombrado ministro de la Guerra bajo Sagasta de 1881 a 1883, año éste en que funda la Academia General Militar. En 1893, fue nombrado General en Jefe del ejército de África y consiguió la paz de Melilla, acordada con los rifeños. Dos años más tarde, volvió a Cuba, pero al poco tiempo dimitió al sentirse impotente para llegar a un nuevo acuerdo con los rebeldes. En ese mismo año, 1893, ya en la Península, sufrió un atentado anarquista, al que sobrevivió. En 1895 enviado nuevamente a Cuba para combatir la nueva insurrección, se vio prontamente sustituido por Weyler, al negarse a aceptar la responsabilidad de una política más dura contra los cubanos.

[xcvii]Aunque los esfuerzos de *El Lugareño* por construir este *camino de hierro* —como entonces se decía— comenzaron muy temprano, alrededor de 1835, el primer tramo no estuvo construido sino hasta 1846 y su terminación no concluyó sino en 1851. En 1846, como se ha dicho, quedó inaugurado el primer tramo de Nuevitas al paradero de O'Donell, en las proximidades de Las Minas. Una línea de coches se inauguró entonces entre Puerto Príncipe y aquel paradero, y se mantuvo operativa hasta el momento en que se completó e inauguró la segunda sección de la vía férrea, en noviembre de 1851. El enlace Habana-Bejucal inaugurado en 1837, lo precedió. Con todo, tanto uno como otro se adelantaron a la construcción del primer ferrocarril en España, cuya inauguración tuvo lugar el 28 de octubre de 1848 y unió Barcelona con Mataró.

[xcviii]En el original *"chisquido"*, que no relaciona el diccionario. Se trata seguramente de errata por *chistido*, es decir, silbido, en tanto *chasquido* se refiere más bien a la onomatopeya del crujir de un látigo o de la madera al rajarse.

[xcix]Construcción equívoca en el original: "mi madre dio un grito de recuerdo". Hace pensar en *un grito memorable*, que por otra parte también pudo haber sido.

[c]*"La marcha"* se lee en el original.

[ci]En el campo cubano es común referirse así a las bestias de carga en general. El caballo, la mula, etc. se convierten así en *la bestia*, por antonomasia.

[cii]La sintaxis de este segmento se resiente, a juicio del editor, de una construcción harto defectuosa. Las frases y otros elementos añadidos entre corchetes, en nada contradicen el sentido primigenio, sino que procuran hacer la lectura menos farragosa y más comprensible el sentido de lo que se lee.

[ciii]El empleo del adjetivo *generoso* no puede estar empleado si no con cierta ironía, especialmente en vistas de la descripción que la propia autora nos ofrece de la figura y sobre todo de la actitud del bandido, que amenaza con pegarle un tiro a la criatura. Por otra parte, la idea de *generosidad* y *altruismo* asociada con el despojo y el bandidaje es un concepto romántico de antiguo arraigo popular. Inmortal ha llegado a ser la figura legendaria de Guillermo Tell, entre otros. A este Mirabal hace referencias la siguiente declaración de un parte del ejército español que cito: "El día 7, (de agosto de 1887) ( ) se informó de un encuentro, acaecido el día anterior, entre el célebre Mirabal, bandolero que ya había operado por la zona, y fuerzas del puesto de Mamey, en Remedios. El bandido logró escapar, aunque se presume que estaba herido". Posiblemente el conocimiento práctico de toda la zona central del territorio cubano resultó de gran utilidad a Gómez para burlar la trocha erigida por los españoles. Puesto ante la disyuntiva de aceptar ayuda de un bandido para la causa revolucionaria, Martí la rechazó decididamente. Dos estilos, dos concepciones.

civFrancisco (Paquito) Félix Borrero Lavadí, general de la Guerra de los Diez Años. Nació en Palma Soriano el 30 de marzo de 1846. Combatió bajo la dirección del Generalísimo Máximo Gómez a cuya sombra creció su prestigio de combatiente. Al cese de las hostilidades, por el Pacto del Zanjón, Borrero pasó a la República Dominicana. El 15 de febrero de 1895 se reunió en Santiago de los Caballeros con Gómez y Martí en lo que marcaría el comienzo de la última guerra contra España por la independencia de Cuba. Tras el desembarco en Playitas, es designado por Máximo Gómez para conducir la insurrección en Las Tunas, pero tan pronto como se inicia el avance de Gómez hacia el Camagüey, el Generalísimo lo lleva consigo. Paquito Borrero había alcanzado el grado de General de Brigada cuando cae el 14 de junio de 1895, alcanzado por una bala perdida cuando ya había concluido el combate por la toma de Altagracia, poblado cercano a Puerto Príncipe.

cvA ella hará referencia Martí en carta dirigida a Gómez cuando dice: "Un pueblo no se funda, general, como se manda un campamento militar (…) ¿Qué garantías puede haber de que las libertades públicas, único objeto digno de lanzar a un país a la lucha, sean mejor respetadas mañana? ¿Qué somos, general? ¿Los servidores heroicos y modestos de una idea que nos calienta el corazón, los amigos leales de un pueblo en desventura, o los caudillos valientes y afortunados que con el látigo en la mano y la espuela en el tacón se disponen a llevar la guerra a un pueblo, para enseñorearse después de él? (José Martí, *Correspondencia con el general Gómez*, La Habana, Editorial de Ciencias Sociales, 1977 (9)).

cviLa narración que de su viaje en ferrocarril de Nuevitas a Puerto Príncipe nos ofrece el funcionario del consulado norteamericano en La Habana (*Viaje a Puerto Príncipe*) da cuenta de un episodio de cruenta brutalidad del que fue testigo, cuando uno de los bisoños soldados españoles, embriagados por el consumo de vino sin haber ingerido otro alimento, cae bajo las ruedas del tren.

cviiEn el original: "*Allí fue, cuando soltera, maestra, donde todos la querían*" (129)

cviii"*Pretextando*" en el original, lo que sugeriría más bien un acto de simulación de parte de los campesinos.

cixEsta percepción de *lugar común* romántico, y su evolución posterior han sido bien estudiadas, entre otros, por la intelectual norteamericana Susan Sontag en su libro *Illness As Metaphor*.

cxAsí nombrada en honor del padre Francisco Xavier Billini (1837-1896), sacerdote nacido en la ciudad de Santo Domingo el 1 de diciembre de 1837 de padre italiano y madre cubana. Inclinado muy temprano al sacerdocio, obtuvo la licencia que lo habilitaba para llevar el hábito en 1851, y fue ordenado sacerdote en Puerto Rico en abril de 1861. Dijo su primera misa en Santo Domingo, en la Iglesia de Regina Angelorum, el 9 de junio de ese año. Contrario a la independencia de la República Dominicana, y partidario de su subordinación a España, se manifestó en favor de la paz a raíz de los sucesos de la Guerra de la Restauración y marchó a Cuba en 1865 junto a su familia cuando los españoles abandonaban el territorio dominicano. De Cuba pasó a Saint Thomas, donde coincidió con el general dominicano Gregorio Luperón, el cual le persuadió de regresar a Santo Domingo. Volvió el 1 de agosto de 1866 y a partir de entonces se consagró a la enseñanza. Durante veintiséis años, fue director del Colegio San Luis Gonzaga. Prestó servicio en varias parroquias de diferentes localidades del país, y en 1867 fue nombrado Vicario General de la Arquidiócesis de Santo Domingo. En 1869 fundó la Casa de Beneficencia. Creó asimismo varios periódicos entre los cuales habría que destacar *La Crónica* y *El amigo de los niños*. Estableció además una Biblioteca Popular con el fin de favorecer el acceso a la lectura a las personas de escasos recursos. En 1880 solicitó al Poder Ejecutivo, presidido en ese momento por el Dr. Fernando Arturo de Meriño y Ramírez, el edificio del Hospital San Andrés para dedicarlo a sus obras de beneficencia. Hoy día es un moderno hospital que lleva el nombre del padre Bellini. Fundó la Lotería de la Junta de la Caridad cuyos fondos eran destinados al bienestar social. Se afirma que cuando se encontraba agonizante, el 9 de marzo de 1896 pidió que le ataran las manos y los pies y que lo acostaran de este modo, "para reposar con toda humildad".

cxiIgnacio María González Santín, general y político nacido en 1840 y fallecido en 1915. Fue electo presidente de la República en 1874, para remplazar la administración de Buenaventura Báez (1810 – 1884) quien después de haber presidido la República por varios períodos, se volvió impopular al proponer la anexión a los Estados Unidos. González Santín renunció a su cargo en 1876, para ser re-electo el propio año. Gobernó consecutivamente de 1876 a 1877 y de 1877 a 1878.

cxiiUlises Heureaux, (1845–1899). Se le conocía popularmente como el general «*Lilí*». Además de presidir la República, intrigó contra ella en varias ocasiones. Durante su último período de gobierno modificó la constitución para prorrogar su mandato. Gobernó dictatorialmente. Impulsó el progreso económico del país en medio de medidas financieras que representaron descalabros de diferente índole. Murió asesinado.

cxiiiArturo Pellerano Castro, escritor y poeta. Nació en 1865 y murió en 1916. (En el original se lee *Pallerano*)

cxivNo sólo historiador. En 1884 había sido presidente de la República.

[cxv] Poeta y narrador. (1845–1900). Autor de leyendas como *Anacaona, Quisqueyana*, y otros textos como *Fantasías indígenas*.
[cxvi] Fernando Arturo de Meriño, además de arzobispo fue un hombre político. Nació en 1833 y murió en 1906. Fue presidente de la República entre 1880 y 1882.
[cxvii] Expresión vernácula que significa: "Ponte encima tu mejor ropa".
[cxviii] Ha sido preciso desenmarañar también la sintaxis de este período.
[cxix] Onza de oro. Moneda de este metal entonces en circulación.
[cxx] Téngase en cuenta que aquí la palabra *"raza"* no tiene un sentido literal sino que se emplea en el sentido mismo con que diríamos *mis ancestros, mi sangre*, o *mi linaje*
[cxxi] Prestigiosa publicación periódica de esa república que hasta hoy sigue editándose. Su fundación data del 1ro. de agosto de 1889, fecha en que don Arturo Pellerano Alfau comienza su publicación en la ciudad de Santo Domingo con el nombre de *Listín Diario Marítimo*. Como su nombre original indica se trató de una hoja de información sobre el trafico marítimo. Andando el tiempo dicha hoja se transformó en el diario nacional de gran circulación y prestigio que hoy se conoce como *Listín Diario*.
[cxxii] En el original se lee *Artiaga*, seguramente una errata. El apellido *Arteaga* se haya muy extendido por Camagüey. Se trata incluso de uno de los apellidos de doña Gertrudis Gómez de Avellaneda.
[cxxiii] Parece irónico que la palabra *"laborantismo"* en este contexto se emplee contra unos cubanos exiliados. *Laborantes* se llamaban a si mismos los exiliados que contribuían con su esfuerzo y sus economías a la libertad de Cuba.
[cxxiv] En el original se lee "una tarjeta postal que llevaba la firma de mi padre no necesitaba esa aclaración".
[cxxv] Aunque el exilio provocado por el vuelco político, social, y económico ocurrido en Cuba a partir de la entronización de Castro en el poder, al que lo condujo la revolución pro-democrática habida lugar contra la dictadura de Batista, tiene características únicas en los anales de la historia cubana tanto por su dimensión y alcances como por su duración y extremos, se alcanzan a ver en el texto de Emilia Bernal algunos paralelos con sucesos, actitudes y problemas a cuales también ha debido enfrentarse en tiempos más recientes toda una comunidad de exiliados que sobrepasa el millón largo de individuos. Desde los comienzos de esa sangría que para la nación cubana ha representado el exilio ininterrumpido de muchos de sus hijos, una infame campaña sostenida de calumnias, desinformación y menosprecio contra aquellos a quienes la tiranía llamaba *apátridas, vende-patrias* y calificativos de este jaez fue orquestada por el régimen de Castro. Haciéndose eco de la misma, suscribiéndola o tolerándola, muchos medios de prensa autoproclamados democráticos han servido a esta campaña. Un examen cualquiera de los titulares, editoriales y artículos de opinión de muchos medios de prensa, radiales y televisivos a través de los cuarenta y tantos años que ya dura el funesto régimen ilustraría mejor que cualquier juicio de este editor la verdad de esta aseveración y los alcances de la campaña anti-cubana que, articulada en La Habana, encuentra su corolario fuera de Cuba en los medios aludidos. Los propósitos de esta campaña han ido dirigidos tanto hacia dentro, como hacia fuera. En lo interno, buscaban disuadir a los malcontentos con una vida mucho peor fuera del país, no sólo en lo político y social, sino incluso en lo económico, que los convertiría en verdaderos parias. En lo exterior, buscaban efectivamente convertir en parias políticos, cuando menos, a quienes se atrevieran a romper con el régimen, de ahí que muchos, atemorizados, no se atrevían siquiera a alzar la voz contra aquello que les había aplastado y obligado a escapar de su país. Los que lo hacían recibían —y aún reciben— epítetos infamantes como los antes señalados. Los cubanos han sido muy posiblemente los únicos exiliados que por huir de una tiranía, por demás, cruel, rigurosa como pocas y minuciosa en sus métodos de opresión, son considerados *traidores, reaccionarios* e *intolerantes*. Resulta pues doblemente irónico que después de haber conocido de niña los horrores del exilio en la República Dominicana de la época, la autora se haya visto obligada a sufrir en su ancianidad un horror aún peor como exiliada de la tiranía castrista, el horror último de ser negada, borrada y condenada a un olvido sin remisión, con el cual se pretende no sólo borrar al testigo, sino enterrarse su testimonio para que no ilumine.
[cxxvi] En sí misma, es decir, por tener características que la hacían estimable. No superior a nadie, ni mejor. Es obvio, sin embargo, que tales características no bastaban a menos que se contara bien con recursos para iniciarse en el nuevo país, bien de la determinación y entereza de carácter que permitiera a los refugiados afrontar las penalidades del diario existir hasta lograr abrirse paso. La propia autora da cuenta de que sus padres no poseían este género de cualidades.
[cxxvii] Unidad monetaria española, que era, hasta el momento de la adopción del euro, la moneda oficial. También se llama así en Cuba a una moneda de veinte centavos. Un *quarter* de dólar estadounidense de veinticinco centavos,

también es comúnmente llamado una peseta. No le ha sido posible determinar al editor a qué valor monetario se refiere la autora.

[cxxviii]*Maüsers* en el original. Fusil de repetición de Wilhelm Maüser.

[cxxix]Terreno que se desbroza y prepara para el cultivo. También se le llama *tumba*, o *tumba de monte*.

[cxxx]Aunque la autora no se refiere a ello habría que preguntarse, quién, en medio de las penalidades de la enfermedad de la madre, a las que ahora se sumaban las del hambre y la miseria, se ocupaba de este menester. Obsérvese que es la adolescente quién debe alzar del suelo el saco con vegetales que algunos campesinos les hacen llegar todavía. ¿Debería la propia adolescente lavar su ropa ahora que resultaba imposible contar con el trabajo de unas lavanderas como las Panecas, cuando se vivían tiempos de bonanza económica?

[cxxxi]En realidad, se trata de una práctica hoy casi en desuso, pero que en su momento se correspondía con un lenguaje visual. Así pues, las dobleces de una esquina de la hoja de papel o el sentido que estas tuvieran y el número de dobleces distinguía una esquela amorosa de una nota de pésame. Existía un gran número de combinaciones en correspondencia con el tono o propósito del mensaje. Llama la atención el hecho de que este joven campesino haya tenido una cierta información transmitida y conservada respecto a un ceremonial de cortesanía que, en el momento que considera adecuado pone en ejecución.

[cxxxii]Esta declaración caza perfectamente con aquella otra de la *«Explicación»*, al comienzo de la autobiografía, cuando la autora dice de ésta que terminó de escribirla "en unos días" y que la entrega al lector "tal y cual salió de [su] corazón; sin retoques, ni enmiendas". Se refuerza así nuestra convicción de que los defectos de estilo observables o las francas incorrecciones sintácticas responden a la falta de revisión del manuscrito tanto en su fase inicial, como en la fase de la revisión de pruebas. En otras palabras, convencida a ultranza de la valía de la convención romántica que considera la obra fruto exclusivo de la inspiración, la autora entrega para su publicación un producto que es también un primer y único borrador, un boceto de lo que habría podido llegar a ser la obra con un poco más de empeño, y ni siquiera para la segunda edición (más bien parece tratarse de una re-impresión) se ocupa de revisar el texto. Dicho esto, admira constatar las muchas y excelentes cualidades de la obra.

[cxxxiii]Valeriano Weyler y Nicolau, general español nacido en 1838 y muerto en 1930. En 1896 fue nombrado Capitán General de Cuba. A él corresponde el dudoso honor de haber creado los primeros campos de concentración de que se tenga noticia. Los ingleses pusieron luego en práctica métodos semejantes durante la llamada Guerra de los Boërs, y el mismo método, llevado a sus extremos, señala la política de exterminio puesta en práctica primeramente por Hitler contra los judíos, gitanos, homosexuales, disidentes políticos y otros durante el Tercer *Reich*, y posteriormente por Stalin y Mao en la Unión Soviética y China respectivamente. La política de *Reconcentración* de Weyler, consistente en evacuar por la fuerza a la población campesina, y forzarla a residir dentro de cercados o hacinándose en las ciudades, sin aprovisionamientos ni medios de subsistencia suficientes, a fin de suprimir la base de apoyo a los insurgentes, provocó la muerte de cientos de miles de reconcentrados, bien fuera como consecuencia directa del hambre, o de sus secuelas, tales como las más diversas enfermedades, amén de la violencia que supone arrancar por la fuerza, de sus casas y lares, a millares de familias sin ofrecerles a cambio las mínimas garantías de supervivencia. Aunque el hecho sea menos conocido, igual o parecido método puso en práctica el régimen de Castro contra las familias de los campesinos que, habiendo sido combatientes revolucionarios en muchos casos, se opusieron al curso tiránico adoptado por él, y volvieron a las montañas del Escambray y otras regiones del país, donde combatieron por varios años con escasos recursos y contra fuerzas militares muchas veces superiores. La estrategia castrista consistió en arrancar a miles de familias campesinas de sus casas y trasladarlas por la fuerza a regiones alejadas muchas millas de sus lugares de origen, de donde no podían salir y donde hasta hoy residen en los llamados "pueblos cautivos" de Sandino, López Peña y otros. Además del desplazamiento violento al que fueron sometidos estos campesinos, hay que añadir el despojo absoluto sufrido por ellos y la pérdida de todo contacto con otros familiares vivos, o el rastro de sus muertos. En tiempos de Weyler como en los de Castro, la *Reconcentración* constituyó una política justificada por la "razón de estado", del tirano de turno. No obstante, el cinismo de Castro se advierte en una cita que encabeza el pequeño estudio *La reconcentración, 1896 – 1897* (Ediciones Verde Olivo, 1998) de Raúl Izquierdo Canosa, en el que al hablar de la situación de hambruna y privaciones vivida por los cubanos bajo su régimen, particularmente durante el llamado "Período especial", Castro compara la situación a las que caracterizaron la reconcentración de Weyler, pero soslayando cualquier responsabilidad en tal empresa, y culpando una vez más al "imperialismo norteamericano" por tales calamidades.

[cxxxiv]La autora es harto comprensiva con un hombre ambicioso y sin escrúpulos.

[cxxxv]Ver apéndice correspondiente para comprender de qué manera pensaban los cubanos que no compartían el optimismo de quienes veían todavía la posibilidad de un avenimiento entre la metrópolis y su colonia.

[cxxxvi]La Cruz Roja se fundó en Ginebra en 1864. Su fundador, fue el hombre de negocios y filántropo suizo Henry

Dunant (1829-1910). La Cruz Roja Americana fue fundada por Clara Barton, el 21 de mayo de 1881. El 20 de junio de 1898 Clara Barton embarcó hacia La Habana con ayuda para las víctimas de la *Guerra Cubano-Hispano-Americana*, es decir, para los reconcentrados. La señora Barton visitó Jaruco y Matanzas. Como resultado del bloqueo naval norteamericano el flujo de esta ayuda se vio entorpecido. Clara Barton escribió entonces al presidente McKinley quejándose de la falta de cooperación y el estorbo que le ocasionaban Teddy Roosevelt, Leonard Wood y otros jefes militares. Entre tanto, las autoridades españoles se apropiaban de las donaciones a los civiles, y los propios militares norteamericanos consideraban justificada la expropiación y apropiación de estos bienes destinados a la población, sobre cuya distribución no existían garantías, y que pasaban a las tropas españolas. Estas circunstancias son, en más de un sentido, evocadoras de lo que ocurre con las donaciones de diferente procedencia, como respuesta al embargo comercial norteamericano contra el régimen de Castro, (o al *bloqueo*, como lo designa continuamente el propio régimen castrista). Este editor ha podido constatar *in situ* y en varias ocasiones, el destino que corresponde a las mismas. Si bien algunas son destinadas y alcanzan a las iglesias, que se encargan de su distribución entre la población, sin exigencias de vinculación o creencias, el gobierno destina muchas de estas donaciones a la venta (por divisas o moneda nacional) a la población, en las llamadas popularmente *"trapichopings"* o tiendas de "trapos", pues se destinan a ella aquellas ropas de menos calidad. Por otra parte —y en una nota personal aquí pertinente— este editor ha tenido que pagar altas sumas en Cuba para adquirir en una especie de mercado negro semi-oficial varias botellas de suero (destinado de preferencia a las personas enfermas de cáncer de las vías digestivas), de las donaciones procedentes de Alemania, manejadas por el Ministerio de Salud Pública, e impedir que su madre no muriera de inanición en una sala mugrosa del hospital en que se le había recluido, y en el cual no recibía más atención que la visita ocasional de un médico o enfermera cuya función consistía en asegurarse de que no hubiera muerto aún. Luego de suministrarle la hiperalimentación adecuada, la enferma pudo levantarse, y estuvo en condiciones de abandonar el hospital, luego de lo cual viviría en su casa otros diez meses. (El diagnóstico de cáncer del colon nunca se produjo. Durante tres años se especuló acerca de lo que se trataba. Aunque el tratamiento debía corresponder a un Hospital Oncológico, nunca se la remitió a tal centro hospitalario. En el último momento se concluyó que se trataba de cáncer y se contempló una intervención quirúrgica que no hubiera conseguido nada, ya que mediante una placa se observó que el mal había hecho metástasis). En la época de *la reconcentración*, como en la actual, las autoridades del régimen opresor consideran su propia supervivencia como prioritaria respecto a la supervivencia de la población. Las condiciones de miseria en que ésta vive, por otra parte, responden al fracaso de la propia política seguida tercamente por el régimen que, no obstante, insiste en perpetuarse. Sin embargo, el presunto efecto del embargo comercial sirve a la propaganda del régimen castrista para presentarse como víctima de una política criminal, obviando el crimen de su propia existencia y terquedad.

[cxxxvii]El 22 de enero de 1869 tienen lugar los sangrientos hechos del Teatro «Villanueva», en los que, a la efusión patriótica de algunos cubanos entre el público que colmaba la sala, responden los voluntarios españoles con disparos sobre la gente inerme de hombres y mujeres de todas las edades. En la función se encontraban entre los espectadores, José Martí y su maestro Mendive. En su estimadísima biografía de Martí (*Martí, el Apóstol*. Madrid: Espasa Calpe, 1933), Jorge Mañach dedica algunas de sus páginas más bellas al recuento de estos hechos. *Los voluntarios* protagonizaron no sólo este infausto hecho de sangre contra los cubanos, sino muchos otros.

[cxxxviii]Coartada política, a la vez que genuina preocupación por el bienestar de sus conciudadanos, el gobierno de los U.S.A. respondía asimismo al llamado de casi todos los sectores del pueblo estadounidense, cada vez más alarmado y airado contra los desmanes y crímenes perpetrados por el régimen colonial en la Isla. Tales hechos eran bien documentados en publicaciones periódicas y en libros, así como también comprobados *in situ* por los visitantes a la isla. La opinión pública americana veía cada vez con más claridad, que los hechos de sangre respondían de manera directa a la política intolerante de España hacia las exigencias cubanas, —que estimaba justas— y que esa misma política intransigente con los cubanos, se mostraba vacilante cuando no complaciente con los cuerpos de voluntarios, y por último resultaba ya impotente para poner límites a "la ley" de la turba.

[cxxxix]La autora alude a una situación que no puede hacerse peor, o que al menos es difícil de imaginar que empeora, por serlo ya en demasía. Así pues, acuña el vocablo *impeorable* que hace pensar inicialmente en lo opuesto, es decir, algo que aún pudiera empeorar, pero la voz *empeorable* tampoco existe, aunque podría concebirse como derivada de empeorar. No se trata de uno de los neologismos más felices de doña Emilia. En virtud de lo apuntado con anterioridad hemos re-concebido la sintaxis de la frase.

[cxl]Tasajo o carne cecina.

[cxli]Salvador Cisneros Betancourt, nació en Puerto Príncipe en 1828 y murió en La Habana en 1914. Consecuente con sus ideales democráticos renunció al empleo del título de Marqués de Santa Lucía. Presidió la Junta Cubana de

Nueva York y fue luego presidente de la República de Cuba en Armas en sustitución de Céspedes a la destitución de éste, y una vez más, al declararse la guerra en el noventa y cinco. Al constituirse la república, se opuso firmemente a la Enmienda Platt. Fue senador por la provincia de Camagüey. No debe tomarse —cosa que a menudo ocurre— a Cisneros Betancourt por su pariente, Gaspar Betancourt y Cisneros, conocido como *El Lugareño*, nacido también en Puerto Príncipe, éste en el 1803 y muerto en La Habana en 1866. Escritor costumbrista y hombre de empresas varias tendientes al desarrollo del país, a él se deben la creación de escuelas rurales, que sufragó de su peculio, y el establecimiento del camino de hierro que unió Puerto Príncipe con el puerto de Nuevitas. Este proyecto tuvo su génesis alrededor de 1835, es decir, anterior al proyecto de camino de hierro que debía unir La Habana con Bejucal, (primer ferrocarril del mundo hispánico en ser completado), pero no se materializó hasta muchos años después gracias al empeño del Lugareño, de lo que dan cuentas entre otras fuentes las cartas cruzadas entre este patricio y don Domingo del Monte y recopiladas en el *Centón Literario* delmontino. Pese a las resistencias y obstáculos de todo orden enfrentado por *El Lugareño* fue el de Puerto Príncipe a Nuevitas el segundo de los caminos de hierros completados en Cuba y en el mundo hispánico.

[cxlii]No sabemos si la autora se confunde o si los españoles, confundidos, daban por una victoria suya lo que no podía serlo. Muchas veces, en los partes de guerra oficiales que se daban a la prensa, se anunciaban cientos de bajas del enemigo, en tanto —según se reportaba a renglón seguido— las fuerzas españolas no habían tenido baja alguna, o sólo alguna que otra sin importancia. En 1898 la flota norteamericana derrotó a la española en la Bahía de Cavite.

[cxliii]Serpentinas.

[cxliv]Cuenta la anécdota que cuando a su madre le trajeron la noticia de que su hijo había sido hecho prisionero se negó a aceptar el hecho diciendo que no se trataba de su hijo, y sólo cuando le advirtieron que había intentado darse muerte antes que caer prisionero estuvo dispuesta a aceptar que se trataba de aquél. Calixto García Iñiguez nació en la ciudad de Holguín, el año de 1839 y falleció en Washington D. C. en el año 1898.

[cxlv]Tanto los estragos y la destrucción causados por la guerra con su política de *tierra arrasada* propugnada por los mambises, que acarreaba la sistemática destrucción de la riqueza, como la desidia característica de la administración colonial española (salvo algún gobernante excepcional) consumaron en poco tiempo la ruina del país. Al acabar la guerra el país estaba en un estado lamentable de hambruna, insalubridad, pobreza y destrucción. Ante la nueva administración interventora se presentaba el hecho funesto y, respondiendo a sus propios intereses tanto como a los del país que ocupaba, se inició una verdadera era de restauración y mejoramiento, no exenta de manejos turbios en beneficio de intereses norteamericanos, como aquellos por los cuales algunas grandes compañías consiguieron adquirir a precio de ganga grandes extensiones de tierra.

[cxlvi]Esta fue, seguramente, la primera gran campaña de alfabetización emprendida en Cuba. Como parte de ella, y para enriquecerla y sostenerla, el gobierno interventor consiguió asimismo enviar a miles de maestros a recibirse de Pedagogía o como maestros normalistas, en la Universidad de Harvard. Sin embargo, los elementos propiciadores de enseñanza, como también ocurrió con la campaña alfabetizadora del año 1960 fueron netamente autóctonos. El país no requirió en uno u otro momento de importar recursos humanos para este propósito, como sí ha sucedido en otros países donde se intentó masiva y rápidamente enseñar a leer y a escribir a grandes segmentos de población. ¿Podía tratarse de una población de analfabetos tan extensa la de Cuba en el año 1960, cuando en unos pocos meses y sin ayuda externa pudo el gobierno anunciar el cumplimiento de sus objetivos? ¿Quiénes eran estos maestros alfabetizadores voluntarios? Se trataba de los hijos e hijas de la extensa clase media cubana —estudiantes, profesionales, técnicos, etc., quienes con posterioridad pasarían a engrosar las filas de los desafectos, ejecutados, prisioneros, o exiliados— pero que en esos momentos del devenir histórico de la nación, y poseídos por un ideal humanista, se dieron a enseñar a campesinos y otras personas analfabetas. ¿No nos dice ello algo respecto a la preparación de la población media de Cuba por esas fechas?

[cxlvii]En Cuba, se llama así a una mariposa nocturna de gran tamaño, de alas negras o grises manchadas de blanco, o con ciertas figuras como ojos en las alas.

[cxlviii]Tanto como el aullar de los perros puede interpretarse como proximidad de la muerte, así también en la creencia popular se atribuye al graznido de la lechuza la virtud de atraer o anunciar la muerte. Quienes tal creen se protegen mediante una invocación con la cual se pretende exorcizar el mal agüero: ¡Solavaya!

Principales fuentes bibliográficas consultadas

Bibliografía Activa

Bernal Agüero, Emilia. *Alma errante; poesías.* Habana, Imp. Rambla y Bouza, 1916.

_____. *Como los pájaros.* San José de Costa Rica, C.A., J. García Monge, ed., 1922.

_____. *Los nuevos motivos.* Madrid, s.i., 1925.

_____. *Layka Froyka. (El romance de cuando yo era niña),* s. i., 1925.

_____. *Vida, poesías,* Madrid, s.i., 1925.

_____. *Exaltación (poema sinfónico).* Madrid, Imp. G. Hernández y Galo Sáez, 1928.

_____. *Cuestiones cubanas para América.* Madrid, Imp. G. Hernández y Galo Sáez, 1928.

_____. *Layka Froyka. (El romance de cuando yo era niña),* 2ª. ed. Madrid, s.i., 1931.

_____. *Negro. Poemas.* Habana, Imp. Molina, 1934.

Bernal Agüero, Emilia.
Agüero y Estrada, Francisco (El Solitario), 1806 – 1892
   Biografía de Joaquín de Agüero. Anotada y publicada por Emilia Bernal. Habana, Molina y Cia., 1935.

Bernal Agüero, Emilia. *Sentido. Prosas.* Santiago de Chile, Prensas de la Universidad de Chile, 1937.

_____. *Sonetos (Selección).* Santiago de Chile, Prensas de la Universidad de Chile, 1937.

_____. *América. Poesías.* Santiago de Chile. Ed. Nascimento, 1938.

_____. *Mallorca; prosa y verso.* Santiago de Chile, Imp. Universitaria, 1938.

Bernal, Emilia
Ricardo, Cassiano.
   Martín Cererê. Traducción del portugués y Ante-Prólogo de Emilia Bernal. (Prólogo de Menotti del Picchia). Madrid, Ediciones Cultura Hispánica, 1953.

Bibliografía Pasiva

Bernal, Emilia. (*Enciclopedia Ilustrada de la Lengua Castellana.* T. I. Buenos Aires, Editorial Sopena, Argentina, 1958, p. 418).

_____. Biografía, (*Enciclopedia Universal Ilustrada Europeo-americana*. T. II (Apéndice). Madrid, Espasa - Calpe, S.A., 1931, p. 151-152).

_____. (*Diccionario Enciclopédico Ilustrado de la Lengua Española*, T. I. Barcelona, Ed. Ramón Sopena, S. A. 1954).

Carbonell y Rivero, José Manuel. *La poesía lírica en Cuba: Evolución de la Cultura Cubana (1608 – 1927)*, vol. V. (Contiene una reseña biográfica de Emilia Bernal y poesías de la autora).

Márquez Sterling y Loret de Mola, Manuel. *Prólogo* al libro de Emilia Bernal Agüero, *Alma errante*.

Remos y Rubio, Juan José. *Historia de la Literatura Cubana (Tomo III)*, La Habana, Cárdenas y Cía, 1945.

Valle, Adrián del. *Parnaso Cubano*, Barcelona, Casa Editorial Maucci, 1920.

Vega Ceballos, Víctor. *Emilia Bernal: Poetisa de la inconformidad y la rebeldía*. (Folleto) Miami, Peninsular Printing Inc., 1978.

Vitier, Cintio. *Cincuenta años de Poesía Cubana (1902 – 1952)*, La Habana, Dirección de Cultura del Ministerio de Educación, 1952.

APÉNDICE 1

Ruego

(A Emilia Bernal)

¡Dame, Señor, la paz para la vida mía!
¡Dale una tregua a mi soñar!
Hazme ser insensible, sin dolor ni alegría,
ni la tortura de pensar.

Hazme como la dura piedra que a nada aspira,
y que no sufre y que no goza;
No como el alto pino que hacia el azul respira
y se ríe, canta y solloza

¡Líbrame, Padre Nuestro, de esta sed de cariño
que es incurable enfermedad:
Buscar siempre el arrullo como si fuera niño;
y verme grande por la edad!

Temer a lo presente que lo domina todo,
a todo impasible y tiránico;
y ante lo porvenir, sentir llegar de un modo
harto irresistible, el pánico.

Ser como una brújula sobre la mar dormida
Humilde a toda sensación;
Y oír como un inútil reloj, sobre la vida
ritmando el propio corazón

¡Líbrame de estas cosas de sentimentalismo;
de amar, de ser amado; del dolor y del goce.
¡Déjame solitario, en paz conmigo mismo,
débil anacoreta que el Pecado conoce!

Felipe Pichardo Moya

APÉNDICE 2

La campana de mi pueblo

Campana del pueblo mío,
cuando suena el vocerío
de tu lengua musical,
imagino que te parte
de tu campanero el arte
en mil risas de cristal

Y cuando escucho tus notas,
que al oído llegan rotas
en sollozante gemir,
pienso que al son plañidero
te va el triste campanero
en lágrimas a fundir

Porque tan alta te meces
a compás de languideces
cerca de la Eternidad,
al echar tu voz a vuelo
siento que hablas desde el cielo
bronce de la Soledad

Que otra raza, que otra gente
que fue grande y fue valiente,
(de una edad que ya pasó),
por la voz de la campana
siempre augusta y soberana
le habla al pueblo en que nació

Que amorosamente trina
con una voz clara y fina
en la torre una mujer,
su salmodia de tristeza
a la clásica belleza
de las mujeres de ayer

Que en la cruz del campanario,
algún héroe solitario
vocaliza una canción,
como vaga y honda queja
que se aleja y que se aleja
y termina en oración

Y que el alma de las cosas,
ya caídas en las fosas
del olvido y del pesar,
su nostálgica elegía
de la tarde a la agonía
va en la torre a musitar.

Y que todo lo pasado,
por tu bronce inmaculado
de exquisita limpidez,

a las gentes llora y ríe
en el canto que deslíe
tu rítmica dejadez

Por eso te quiero tanto
porque me hablas del encanto
de lo grande que se fue,
y presiento que en tus sones
cuando muera, mis canciones
a esta tierra cantaré

¡Cuánto te quiero, campana!
Yo te escucho en la mañana
de mis días sin color,
cual la voz de mis abuelos
que me envían de los cielos
las protestas de su amor

¡Campana que a gloria suenas
en el fondo de mis penas!
¡Cariño de mi orfandad!
¡Con qué júbilo te escucho!
Dime si me quieres mucho
bronce de La Soledad

Siempre al verte desde lejos
al oír tus claros dejos
como palabra de Dios,
con tierna ilusión te miro,
te mando un beso, ¡un suspiro!,
y en el suspiro, un adiós.

(Emilia Bernal, *Alma errante; poesías*. Habana, Imp. Rambla y Bouza, 1916)

APÉNDICE 3

Lo bello

¿Qué es lo bello? Dirán, es la grandeza
que en las obras de Dios fúlgida brilla,
el trino de la cándida avecilla,
el susurro del céfiro sutil;
el suave murmurar del arroyuelo
que entre piedras y juncos se desliza;
la blanca aurora cuya luz matiza
las flores del américo pensil;
el lánguido rumor de sus palmeras,
y de sus bosques la apacible sombra;
del verde césped la mullida alfombra,
y el ígneo fuego de su ardiente sol;
es la lluvia de perlas que se advierte
en el ramaje de la selva umbría,
cuando aparece luminoso el día
entre nubes de nácar y arrebol.
Sus cedros y sus ceibas colosales,
su cielo azul, sus nítidas estrellas,
y de sus hijas púdicas y bellas
la interesante gracia y el cándor;
es la sonrisa de inocente niño
en el regazo de una madre tierna,
el grato acento de la voz materna,
acento dulce que respira amor.
La lumbre del crepúsculo que vaga
entre las obras del florido monte
tiñendo de carmín el horizonte,
y dando al mundo su postrer adiós;
de la luna sus pálidos destellos,
la calma y el silencio de natura,
los ensueños de amor y de ventura
que raudos llegan de la noche en pos.
 La mirada fugaz y pasajera
de encarnada virgen pudorosa,
palabra sin sonido y misteriosa
que calma de un amante la inquietud,
y más bello que el sol en el oriente,
más que el cielo de Cuba y sus colores,
más bello que las palmas y sus flores
el sagrado esplendor de la virtud.
Sí, que la luz de la virtud esplende
de la existencia en el erial camino,
y a su influjo dulcísimo y divino
palpita de placer mi corazón.
 Y en éxtasis feliz arrebatada,
al escuchar su acento sacrosanto,
preludio mi laúd, alzo mi canto,

llena el alma de mística emoción.
Emoción celestial, pura, sublime,
incomparable, misteriosa, ardiente,
que no puede expresarse cual se siente,
que nunca el labio definir podrá,
que mitiga mis penas y dolores,
y de entusiasmo férvido me llena;
enaltece mi ser y lo enajena,
y sólo en el sepulcro cesará.

(Brígida de Agüero, tía de la autora. Poema recogido por Adrián del Valle en *Parnaso Cubano*).

APÉNDICE 4

Os lo dice una mujer que sabe mucho porque ha vivido mucho y porque ha sufrido mucho: No intentéis jamás reproducir el pasado; sobre todo si fue un pasado dichoso o que os pareció tal, trémulo de vida o adolorido de encanto.

¡Cómo (...) se depura todo, las cosas y los hechos de la tara vulgar en la mente de quien los piensa! ¡Cómo se alisan de las arrugas de lo cotidiano! ¡Cómo se liman de las aristas de lo feo; se iluminan de la luz luminosa, clara y etérea; se agigantan las dimensiones exiguas [y]* se convierten en gozo extraterrenal!

Así, era para mí, aquella casita. Lámpara de Aladino [la] de mis sueños, [bien me hallara] dormida [o] despierta. ¡Qué grande la veía, pero no sintiéndola hipertrofiada, sino tal cual era! Para mí, mi sueño no era mi sueño sino lo real. ¡Qué vanos anchos y altos por donde entraba la luz a torrentes! El arroyo de Antonio Pérez que corría delante de ella, por ésa que no era calle, sino camino real, y que luego se perdía entre la sabana poblada de palmas, de guano de yarey, qué limpidez sonora arrastraba. Las noches de luna, cuando en primavera me bañaba en él, vigilada por mi madre, revivían más claras y azules en mi mente. [Y revivían asimismo] aquel trillo fino y ondulante que iba de la estación del camino de hierro, por donde transitábamos en las mañanas de neblina, al ir a esperar a mi hermano más pequeño que regresaba de la capital [de provincia]. Aquél, mi cuarto, donde mi tocador lucía en un ángulo, acorado en las paredes con ladrillos rotos y cantos de piedras. Porque, han de saber ustedes que, mandándome mi madre a improvisar un tocador, no encontré cosa más a propósito para ello que las ruedas posteriores, unidas por su eje, de una cureña que los soldados españoles —que antes habían tenido de cuartel la casa— dejaron abandonada en el patio de la misma. Haciendo esfuerzos sobrehumanos arrastré mi rueda de cureña a la habitación que me habían destinado, y, con más esfuerzo aún la puse vertical contra el rincón, y con otro poco de ímpetu la acoré a ladrillos y piedras, puesto que un poco del eje sobresalía en muñón de los extremos, y no la dejaba mantenerse derecha. Después que logré su equilibrio, puse papeles de colores recortados en redondo sobre los radios de la llanta para que no se saliesen por los huecos, el espejo —recostado sobre el moño de hierro—, el peine, el cepillo de dientes, la motera... ¡Así era mi tocador! [Recordaba además] el cuarto de mi padre, donde una vez —en nuestra ausencia— le robó el reloj y el portamonedas un ladrón que entró por la ventana a media noche. [Veía yo] la ventana misma por donde entró el ladrón y [a través de la cual solía ver] a Fernando, de nueve años entonces, labrar la tierra azadón en mano, desnudo de torso y descalzo de pie, para [preparar] la pequeña hortaliza que sembraba bajo la dirección de mi madre, [y en la cual] sobre todo los tomates y los ajíes flameaban con su llamarada punzó .** [Y a] mi madre misma, pálida, flaca y estirada, ya bastante tísica y mal alimentada, dirigiendo la faena. La cerca del gran patio, casi potrero, de piñón amoroso, toda llena de portillos por donde yo entraba y salía más a gusto que por la puerta de la fachada. El pozo con su montón crujidor y su brocal de traviesas entretejidas en los cuatro ángulos, llenos de mis tiestos. [Pozo] de agua salobre, pero fina, clara [y] fresca, de donde yo tiraba el agua para regar la huertecita. Mis tiestos de cambutera trepando por las perpendiculares y traviesas que sostenían la garrucha. Mis cambuteras mismas, [las veo], despertándose por las mañanas temblando al peso de las gotas de rocío. El rocío, garbanzos de luz haciendo juegos de colores con los bordes de sus pétalos. ¡Mi encanto! ¡Mi divertimiento! ¡Todo!... ¡Oh, quién volviera! —era el ritornelo de mi alma.

Y al fin, como siempre acabo por hacer lo que quiero, volví. Un buen día... ¡Un mal día, ([ya] que desde entonces la casa es puñal en mi cerebro a pesar de que, cuando la sueño a partir de este día la sueño siempre igual [a como era antes de la visita], siempre bella), embellecida con la pátina de mi recuerdo, volví [a ella]!

Llegué a Las Minas. Pie en tierra. Y no sé por qué instinto superior a todo conocimiento, —a pesar de que todo el plano del pueblecito está cambiado— me encaminé derecho sin vacilar, piedra que rueda, a mi casita de la infancia. Cuando la vislumbré, la descarga eléctrica de una tempestad de siglos me fulminó, y sentí que me desprendía de la tierra nueva y rediviva. Inconsciente, ciega, tambaleándome, llegué.

En el portal*** vi un macizo de altos y elegantes negros. Lo primero que les dije, y ya esto me trajo a la realidad más desconcertante, fue:

—¿Hablan ustedes castellano?

En Cuba hay que preguntar esto ya, al dirigirse a un grupo desconocido, y sobre todo a éste, que vi desde el primer momento que se componía de extranjeros.**** A la afirmativa [de los integrantes del grupo] añadí:

—¿Es ésta la escuela del pueblo?
¡Inocente de mí! ¡Pensaba que todo seguía igual a como lo había dejado tantos años ha! ¡Oh...!
Dos o tres respondieron, entre dientes, frases distintas que en síntesis decían:
—¡No, señora, es el vivac!
—¿El *vivac*? —y sentí que me desplomaba [como] muerta. Entré [en el recinto]— ¡Buenos días! Juro que vi la pizarra de hule negro con el mapa de España y el otro de Cuba sobre él, medio desenrollado, pendiente de la parte superior; la doble hilera de bancos sin espaldar, donde nos sentábamos a oír la voz de mi madre que explicaba; su mesa en el otro extremo, estrecha, [situada] entre la bancada y [por último la vi también a] ella, allí, como [solía ser] alta y pálida.

[Luego], aclarando bien la mirada, despertando [más bien] de un sueño o de una alucinación, sólo tuve ante mí una mesa distinta, unos banquillos aislados. [A] la mesa un cabo de la Guardia Rural que acusaba, y en los banquillos los que eran acusados.****

Tragando en seco [una] saliva amarga, con los labios duros, le dije al hombre —sin querer convencerme todavía [y empeñada en] realizar a toda costa la quimera de mi esperanza:
—¿Ésta es la escuela del lugar?
—No señora, es el vivac.
—¡Ah! Pero ¿cuándo quitaron de aquí la escuela?
—Aquí nunca ha habido escuela, señora. Usted está equivocada.
—¿Cómo? ¿Yo equivocada? No. Usted es quien está equivocado. ¡Oh! ¡Aquí estaba la escuela. ¡La escuela de mi madre! ¡La escuela donde yo me crié! ¡Donde aprendí a leer! ¡Aquí se sentaba mi madre. Por esa ventana entró el ladrón que le robó a mi padre. Por esa misma ventana entraba mi hermano desde el patio, cayendo dentro [ligero] como un pájaro. ¡Por ese trillo íbamos a buscar a *Mamá-Lela* la curandera de los niños! ¡Aquél, mi cuarto! ¡Horror! —Unos balaustres de hierro negro, anchos y largos, cerraban [ahora] su entrada— ¡Aquél era el de mis padres! —[La misma cosa se apreciaba allí], y una negrita joven y lozana me miraba sonriéndose. Y todos me miraban como a una enajenada, sonriéndose.

La negrita, presa tras sus barrotes, con los brazos desplegados a toda su envergadura, se agarraba a los hierros. ¡La alcoba de mis padres, mi cuarto de niña [todo ello se había convertido en] posada [y] albergue de criminales! De todos los [tipos de] criminales, pues que el vivac es cárcel provisional, sobre todo en las aldeas, donde no hay otro reducto que ése para guardarlos, en tanto [esperan para ser] llevados a la capital [provincial] vecina.

Imaginad, hombres, si sois capaces de imaginar, la rudeza del golpe. No se puede expresar con puras palabras la caída de mi espíritu. El abatimiento sin consuelo, la infelicidad más lancinante me acongojaba. Y todo [esto lo sufría] sin una palabra, sin una protesta, sin una lágrima. No sé cómo serían mis gestos. No sé cómo sería mi expresión. Entonces, [dando paso en mi cerebro a la realidad inmediata], pregunté]:
—¿Y por qué está presa esa criatura?
—¡Por vagabunda! No tiene domicilio fijo.
—¿Por vagabunda? ¡Ah, eso no es malo! También yo soy vagabunda. No tengo domicilio fijo. ¡Métame a mí pues a la cárcel! —Y mientras así hablaba, veía sólo [huellas de] sangre. ¡Sangre, salpicando las paredes de las alcobas! ¡Sangre, encharcada o corriendo por sus suelos! Y [como en un trance] seguí hablando—. ¡Ésta casa fue la única que tuve, y ya ve cómo está convertida en presidio! Para haberla encontrado así, más valiera no haberla tenido nunca. ¡Perdida [está ahora] para mi encanto, por toda la eternidad! ¡Suelte usted, a la pobre mujer ésa! ¡Yo le sirvo de madrina! ¿Verdad que la soltará? —Al fin, pude [ya] sonreír diciéndolo.

Y me alejé, lenta y abatida, por el trillo de *Mamá-Lela*, rumbo a la estación, para tomar de nuevo el tren de regreso. [Entonces] me iluminó el alma una alegría: la negrita, en un cruce del camino [me hacía] con los brazos musarañas de contento.

[Hace] dos noches volví a soñar con la casa, tal como siempre la soñé, tal como no era: grande y luminosa, pues que al verla de nuevo la encontré toda tan chiquita. Y pensé y sentí:
—¡Sólo el espíritu puede permanecer eternamente fiel a sí mismo, ¡oh, Platón! que me sustentas!

Y ahora, todavía, no le he perdido la ilusión a mi casita. Quisiera comprársela al Estado, e ir allí definitivamente a acabar mis días. Me dará un poco de miedo, reposar la cabeza en aquella alcoba, —almohada del crimen, manchada de prostitución y de sangre—, pero para ahogar mi espanto pensaré que, primero, la vivió mi inocencia, y la lavaré [así] con las aguas de mi espíritu.

Madrid, septiembre 18 de 1931 (*Sentido, Prosas* / Santiago de Chile, Imprenta Universitaria, 1937)

*   Se ha cambiado la sintaxis del período para hacerlo menos farragoso.
**   En la edición original, la autora coloca esta nota que reproducimos aquí y las siguientes, al pie de página. Las hemos trasladado al final del texto principal por parecernos más conveniente de esta manera:
"*Portal en nuestra tierra, es un tejado adicional, de una sola vertiente, que sale de la fachada y a veces también del techo del fondo, de las casas de campo, apoyado en el alero y que se sustenta al otro lado en postes de madera, o columnas de cal y canto, conforme a la construcción de la misma. Tiene por objeto aumentar las dimensiones de la casa. Por ejemplo, el de la fachada sirve para amarrar a su sombra a las cabalgaduras de los que llegan. El posterior se utiliza como despensa, lavadero, etc.*" A lo dicho por la autora debería agregarse que al portal podríamos llamar también colgadizo, zaguán e incluso vestíbulo, aunque no todo vestíbulo sea un portal. En Cuba también llamamos portal o soportal, como corresponde, a un pórtico que a manera de claustro suele anteponerse a las casas y a los edificios en las calles o plazas y que permiten al transeúnte guarecerse del sol y de la lluvia. También permite a los dueños de casa sentarse a tomar el fresco y ver pasar.
***Anota la autora en una sucesión de notas: "*El gobierno de nuestra República ha autorizado a los colonos de caña y hacendados en general la introducción en el país de jornaleros de Jamaica y Haití. Negros y negras de la peor condición moral, que llenan los campos, aldeas y ciudades. Esta ley previene que, terminadas las zafras y recolecciones, quien los trajo tiene el deber, [y] la obligación de repatriarlos, pero como las leyes no se cumplen en Cuba, los negros quedan.*
De nuevo se ha ensombrecido el ambiente cubano de otra esclavitud. Esta gente es tan amoral y tan primitiva que, como los africanos: carabalíes, congos, bozales, lucumíes, no obedecen sino a la fuerza de sus instintos, o al látigo del jefe que los trae.
Tanto luchar y sufrir las generaciones cubanas anteriores a 1878 y 1886 por la manumisión de los negros; tanta sangre derramada por conseguirla; tanto apostrofar a Fray Bartolomé de las Casas de habernos traído esa complicación racial, y tanto como se abjura de la vagancia de los conquistadores que importaron los negros para explotar la riqueza a brazos ajenos, mientras que la medraban..., y ahora que gran parte de los negros ha blanqueado, diluidos en el cruce, sobre todo con los españoles mismos, que aman tanto esa clase de juntura en Cuba, y [después de] que los que quedan más o menos mezclados o puros se han incorporado a la civilización..., ahora viene el gobierno flamante y propio a traernos esa inmigración, peor que la esclavitud antigua, peor que las avalanchas chinas, por desidia en fomentar otras inmigraciones y por lenidad en el cumplimiento de la ley".
Un llamado junto al nombre de Fray Bartolomé de las Casas da lugar a otra nota de la autora relacionada con la anterior: "*El padre Fray Bartolomé de las Casas, después de todo, no fue el iniciador de la trata de negros, sino que alguna vez la aconsejó, para redimir a los indios de los trabajos forzados de las Encomiendas*". Y otro llamado al final de la nota principal, allí donde se halla la palabra "ley", consigna: "*Hay que tener en cuenta que estas notas corresponden a la impresión [causada en mí por] ese espectáculo de invasión haitiana y jamaiquina, en 1929, cuando yo vi, [fecha] en que todavía los ingenios trabajaban en Cuba. Hoy que la ruina se ha consolidado y que no hay en que ganar la vida, los trabajadores de referencia se han alejado por ellos mismos en busca de parajes donde puedan ganarla*".
Es evidente que los comentarios de doña Emilia traslucen un prejuicio que es tanto racial como xenófobo. Si bien pudiera asistirle la razón en cuanto a aquello que guarda relación con la introducción o reintroducción al país de un sistema de producción anticuado y retrógrado del que es parte esencial esa fuerza laboral brutalizada por el mismo trabajo que se espera de ella, tanto como por las condiciones en que se producen la *contratación* y su manutención, la autora expresa con su brutal sinceridad un prejuicio hijo de otra época, pero aún *vivo y coleando* en el momento de escribir. ¿Recordaba acaso que su familia paterna había tenido que abandonar la isla de La Española a causa de la invasión haitiana? ¿De qué manera la llamada "Guerra de los negros" ocurrida en Cuba en el año 1912, provocada en parte por la insatisfacción de muchos negros mambises con el status quo, y saldada con una gran matanza en la antigua provincia de Oriente, y con la eliminación de sus principales líderes Estenoz e Ivonett, pudo pesar sobre estos juicios de la autora? Contrasta extraordinariamente la actitud asumida por ella ante la injusticia que, obviamente se comete contra la "negrita" presa "por vagabunda" para servir a la cual se ofrece como madrina, —de modo que quede en libertad— y estos otros juicios que no tienen en cuenta al individuo negro, sino la presunta amenaza que los mismos representan para el país no sólo *por ser negros*, pero también, por serlo.
****¿Se refiere la autora a quien representaba la parte de la acusación? ¿A quién fungía como secretario de actas o algo semejante? No parece que, en rigor, pudiera un cabo ser "el acusador".

APÉNDICE 5

(Mi casita blanca)

En medio de esta paz tan lisonjera,
que nunca turba doloroso invierno,
no sé porqué de mi alma se apodera
siempre un recuerdo pesaroso y tierno

Un recuerdo tan grato como triste,
que convida a llorar, pero no abruma
Un recuerdo tan grato que se viste
de aromas, de celajes y de espuma

Que traen de un río el amoroso ruido,
que traen de un bosque la amorosa sombra,
cuyo rumor, dulcísimo me nombra
algún pasado que me fue querido.

No sé si es sueño, pero entonces creo
conocer el murmullo de la ola,
y entre sus ramas levantarse veo
mi casita de guano, blanca y sola.

¡Oh, mi verde retiro, quién pudiera
ver otra vez tus deliciosos llanos,
y quien bajo tus álamos volviera
como antes, a jugar con mis hermanos!

Y ver mi lago de color de cielo
donde yo con mis pájaros bebía
mi loma tan querida, mi arroyuelo,
mi palma verde a cuyo pie dormía.

Mis árboles mirándose en el río,
mis flores contemplando las estrellas,
mis silenciosas gotas de rocío
y mis rayos de sol temblando en ellas.

¡Oh, mi casita blanca, recordando
el tiempo que pasara sin congojas,
viendo correr el agua, y escuchando
el ruido cariñoso de las hojas,

He llorado mil veces; que allí amaba
una rama de tilo, un soto umbrío,
un lirio, un pajarillo que pasaba,
una nube, una gota de rocío.

Aquí no se ama nada, el egoísmo
cerró del alma el celestial tesoro
nadie se quiere aquí sino a sí mismo
nadie ama mas que el resplandor del oro.
Aquí se ríen si amorosa digo
que amo mis avecillas y mis flores,
dicen que no hay afecto en el amigo

y que no hay inocencia en los amores.

Empero eso es aquí, no en ese mundo
de verdes copas y de verde alfombra,
donde se olvida su esplendor fecundo
de los árboles densos a la sombra.

Músicas oigo aquí que el alma dejan
absorta de placer por lo armoniosas.
pero músicas, ¡ay! que no se quejan
como allí se quejaban las tojosas.

Aquí hay luces de gas, ricas y bellas,
cuyo brillo es ardiente y luminoso,
pero no hay como allí tibias estrellas
que alumbren en silencio misterioso.

Aquí hay bellas mujeres que en las fiestas
vierten de gracia y juventud aromas,
mas que yo no las hallo tan modestas
como allí eran modestas mis palomas.

Aquí hay hombres ilustres que aunque llenos
de altos conocimientos peregrinos,
no son tan generosos ni tan buenos
como allí los sencillos campesinos.

¡Oh, mi verde retiro, quién pudiera
ver otra vez tus deliciosos llanos,
y quién bajo tus árboles volviera
como antes a jugar con mis hermanos!

(Se conocen tres versiones de este poema, según indica el estudioso Ángel Huete, que da a conocer las variantes respectivas)

(*Luisa Pérez de Zambrana, Poesías completas /* compilador, editor y comentarista Ángel Huete, La Habana, 1957)

APÉNDICE 6

(Varias poesías manuscritas, inéditas, correspondientes a un grupo de ellas que se halla entre los papeles de la Junta Cubana de Nueva York, en la Biblioteca del Congreso de los Estados Unidos). <u>Ésta y las siguientes acotaciones corresponden al editor de la presente obra:</u>

A los comisionados que van a Madrid*

Señores, los del sufragio
popular, hablo sin chanza,
Sois el arca de la alianza,
de redención el presagio;
nuestro iris de esperanza.

Por vosotros la fusión
de americano y gorrión**
pronto se habrá de admirar
Que tal es la pretensión
del Ministro de Ultramar

El Ministro a España os llama
Porque dicen que nos ama
con cariño sin igual
El nuestro también es tal
que al suelo se nos derrama.

Y al mirar que Cuba implora
de España la compasión,
como tanto nos adora
y nuestras cosas ignora
promueve una información

Yo no sé si es ignorancia
o supina mala fe,
si lo primero, ¿por qué
se titula con jactancia
"Nuestro Ministro"? No sé.

Si su ciencia no le abona
Si no sabe lo de acá,
que me diga Félix Bona
¿Cómo el Ministro dará
consejos a la Corona?

Pero en fin, quédense a un lado
cuestiones de alta política,
porque a mi mente raquítica
a la verdad no le es dado
ejercitarse en la crítica.

El ministro quiere oír

de nuestros labios leales
los datos que han de servir
para poder escribir
nuestras leyes especiales

Y Cuba os nombra al intento
un tributo de homenaje
rindiendo a vuestro talento
No os demoréis un momento
Adiós, señores, buen viaje.

Van a la patria del Cid
A la ínclita Madrid,
tierra de nobles guerreros,
de frailes y de toreros...
Partid, señores, partid.

Partid pronto, pues ya tarda
de nuestra dicha la aurora
Partid, partid, sin demora
que para el pobre que aguarda
es un siglo cada hora.

Partid, porque no ignoráis,
que el porvenir es misterio
y hay temor fundado y serio
de que si pronto no vais
hallaréis otro ministerio

Un astrónomo alemán
que ha estudiado con afán
de las ciencias los secretos
y las leyes a que están
los Ministerios sujetos;

Sostiene sin duda alguna
que a cada cuarto de luna
cambia en España el gobierno;
cambia, ¡por el Dios Eterno!
No juguéis con la fortuna.

La ocasión la pintan calva
por eso bien lo advertís
nuestra dicha está en un tris,
Si voláis, Cuba se salva,
si tardáis, ¡pobre país!

Pues si a merced del favor
el poder escala alguno,
es su deber de rigor,
dejar sin valor ninguno

los autos del anterior.

Y como ya se barrunta
de Cánovas la caída,
si al llegar lo halláis sin vida,
¡Adiós reforma! ¡Adiós Junta!
¡Adiós ilusión perdida!

Cuba, cuya dicha sola
se cifra en ser española;
Cuba que admira y respeta
la refulgente aureola
del pueblo que la sujeta;

Que adora con efusión
a la arrogante nación
al pueblo espléndido y noble
grande y fuerte como un roble
valiente como un león.

Cuba que miró a España
en gigantesca campaña
que no llegó a siete leguas
zurrar al moro sin treguas
burlándose de su saña;

Cuba, que la vio después
sacar corriendo los pies
del territorio salvaje
que sin mirar su interés
le negó su vasallaje

Cuba siempre lloraría,
señores, vuestra tardanza;
con razón os culparía
Y a la cara os echaría
el fiasco de su esperanza.

Calumnian con insolencia
a Cuba los que decantan
que anhela su independencia,
pues libre está su conciencia
del crimen que le levantan.

Del crimen, sí, porque fuera
la ingratitud más punible
pagar de tan ruin manera
los bienes que recibiera
a escala inconmensurable.

Cuba, a su madre amorosa

debe eterna gratitud
porque le trajo una cosa
grande, sublime, gloriosa...
¡Hablo de la esclavitud!

Porque en prueba del amor
que arde constante en su pecho
le quitó todo derecho
¿Habrá elocuencia mayor
que la que ofrece tal hecho?

Porque, siguiendo al que dijo:
"Fortuna te de Dios, hijo,
que el saber poco te vale",
estorba en su afán prolijo
que aquí el saber se propale.

Porque deja a sus vasallos,
que bailen a su talante,
siendo su empeño constante
que la afición a los gallos
vaya adelante, ¡adelante!

Porque da cada quincena
al pueblo una lotería
y el pueblo en ella confía
y abandona su faena,
y en el ocio pasa el día***.

Porque, madre diligente,
jamás, jamás nos consiente
destinos desempeñar
y sólo interinamente
nos los permite ocupar.

Porque nos manda empleados
de ciencia y virtud dechados
Y nos remite a montones
gallegos bien educados:
zurriagas de carretones.

Porque nos hace pagar
una fuerza militar
que está siempre en pie de guerra
y que chupa sin cesar
cuánto aquí suda la tierra.

Porque nos sustrae su celo
a influencias mil, malditas,
y además, con santo anhelo
para enseñarnos el cielo

nos trajo a los jesuitas.

Porque en fin..., pero ¿a qué más?
Es tan larga la cadena
de méritos que quizás
mi pluma que ahora se estrena
no concluyera jamás.

Calculad pues cuál será
de su intelecto el desorden,
al ver que se acerca ya
el momento en que tendrá
libertad de Real Orden.

Volad por tanto a Madrid
y allá la espada esgrimid
porque la reforma cuaje.
¡Hallas! ¡Mirad que es tarde! ¡Partid!
¡Adiós señores, buen viaje!

Habana, mayo de 1866

(Sin título)

A las armas! ¡Valientes cubanos!
Que ha llegado el instante supremo
de humillar a los viles tiranos
o con gloria y honor sucumbir.
No el peligro a los fuertes abate
Ni la lid estremece al patriota;
No por sólo vencer se combate,
¡Se combate también por morir!

Ya de hoy más nuestra vida no sea
sino vida de afanes guerreros
y que el mundo asombrado nos vea
hasta el último aliento luchar;
Mas si aleve la fortuna airada
la victoria a la España concede
Mejor fuera, oh mi Cuba adorada
que te cubran las aguas del mar.

III

(Diálogo entre Bona y Asquerino)****

Bona. –Compadre, cómo te ha ido?
Asque. –Ay, compadre, a la campana:
Desde que llegué a La Habana
Como un príncipe he vivido.
banquetes en mi homenaje
Y honores a mi persona
He aquí, compadre Bona,
el resumen de mi viaje.
Y yo, que encontrar creí
desde la Punta hasta el Cabo
cubierta con tapa-rabo
la gente que vive allí,
me hallé conque son señores
muy sabidos, muy letrados,
que comen pavos trufados
y que viven entre flores.
¡Es mucho cuento esa gente!
quiero decir... la de fuste,
La que dice sin embuste
que va del progreso al frente.
Es decir, los periodistas
hacendados y doctores,
que unos llaman trepadores
y otros llaman reformistas.
Tan pronto como llegué
pidieron a Su Excelencia
la competente licencia
para obsequiarme.
Bona — .... ¿Por qué?
Asque. —¿Cómo por qué? Tu pregunta
compadre, envuelve una ofensa.
¿Tú no sabes cuán inmensa
es mi fama que despunta?
Bona. —¡A la verdad, tu persona
no hace ruido aquí en España!
Asque. —¡Mucho el oírlo me extraña,
amigo don Félix Bona!
Bona. —Por Dios que siento, Asquerino,
Nada saber de tu fama;
Mas mi labio siempre llama
pan al pan; y al vino, vino.
Asque.— Pero en Cuba es otra cosa.
Si mi nombre aquí es raquítico,
en Cuba soy gran político
de influencia portentosa.
¡Allí soy gran escritor
y ecónomo y publicista.

El partido reformista
me celebra con furor
Bona. —En pocas voces se encierra
lo que acabas de decir
Asque. —¿Qué voces?...
Bona: ¡Las vas a oír:
"Nadie es profeta en su tierra"!
Asque. —Lo que te puedo expresar
es que fui y metí tal ruido
que andaba más que aturdido.
¡Jamás lo podré olvidar!
¡Ay, compadre!, ¡qué banquetes!
¡que dulces! y ¡qué manjares!
No era un mar, ¡eran cien mares
de vinos y de sorbetes!
Si dicen que cada asiento
veinte toletes******** costaba.
Bona. —¡Tomates! Eso es guayaba...******
¡No lo creo!
Asque. — ...... ¡Pues no es cuento!
Y si oyeras ¡qué discursos!
¡qué brindis se pronunciaron!
"Non plus ultra"... Se agotaron
los oratorios recursos.
Por España, y las reformas
se brindó con entusiasmo.
Yo estaba muerto de pasmo
¡Un pie metido en dos hormas!
Bona. —¿Y qué hiciste?
Asque. —............ ¿Yo? ¡Brindar!
Como los otros. ¡Comer!
¡Sabrosos vinos beber!
Y dejarme acariciar.
Me abrazaron, me dijeron
que soy su querido hermano;
que es español el cubano
en cien brindis repitieron.
Compadre, cuando veía
mi humanidad tan pequeña
pensaba cuánto no enseña
la experiencia cada día.
Yo, compadre, tan chiquito,
héroe de tanta ovación.
Mas ¿qué diablos? Napoleón
¿no era también pequeñito?
En Cárdenas y en Matanzas
a La Habana han parodiado
y todos me han proclamado
el sol de sus esperanzas.
Me han dicho que con mi pluma
se obtendrá —¡no con la espada!—

         la reforma cacareada
      que aguardan con ansia suma.
         Yo los dejé en la ilusión
         diciéndoles que esperaran
         hasta pronto; que miraran
         lograda su pretensión.
         Ese pronto... ¡tú comprendes
         que nunca...! Pero el dinero
         ¡es tan dulce y placentero...!
         Félix Bona, ¡tú me entiendes...!
Bona. — Lo que me cuentas, compadre,
         envidia me causa, y magua
         Mañana me soplo al agua
         aunque se oponga mi madre.
         En la "América" publico
         un artículo tremendo
         contra el despotismo horrendo
         de Cuba y de Puerto Rico.
         Y después voy a La Habana;
         ataco fuerte al gobierno;
         le digo que es un infierno
         vivir en tierra cubana,
         mientras no se la respete
         y se le otorgue siquiera
         lo que dársele debiera
      desde el año treinta y siete*******
         Al general entre tanto
         yo le diré bajo cuerda
         que no hay miedo que se pierda
         la tierra que amamos tanto.
         Que España nada aventura,
         pues con pedir y brindar
         no se le habrá de escapar
         la presa que está segura.
         De este modo lograré
         fama de justo y discreto
         y de doblones repleto
         a España retornaré.

         ⸻⸻⸻⸻⸻

      Y cuentan malas lenguas que mil hombres
      de los cuales nadie ha oído ni sus nombres
         ser dichos nunca fuera de su casa
         con magnífico ardor, vivo y sin tasa,
         se proponen también hablar de Cuba.
         Defender sus derechos soberanos
         con voz potente que a la Reina suba,
      por venir a que aquí les den banquetes,
         pavos trufados, vinos y sorbetes
         sus fieles, queridísimos hermanos.
         Y que habiendo llegado a sus oídos

lo que a Bona Asquerino refiriera,
de monetario patriotismo henchidos
van a Bona a quitar la delantera.
¡Ay patriota! ¡Por Dios!... ¡Fiebre amarilla,
no nos dejes llegar tanta polilla!

IV

El banquete

Aún el odio está latente
de los inicuos tiranos,
aún nos salpica la frente
la sangre de los hermanos;
aún veis las tumbas humeantes
perdidas en tierra extraña,
Y ya gritáis delirantes
¡Viva España! ¡Viva España!

De este pueblo que suspira
no conducís los destinos:
del pueblo no sois... ¡mentira!
sois apóstoles mezquinos;
Cuba la cabeza esconde
y de lágrimas se baña
y a vuestros [gritos] responde
¡Muera España! ¡Muera España!

Y es un crimen torpe y vano
vuestra vil apostasía
porque os desprecia el cubano
y el español desconfía.
¡Muera España!, ayer feroces
gritasteis con negra saña...
Y hoy gritan las mismas voces,
¡Viva España! ¡Viva España!

¿No veis? La sangre se enciende
de tanto mártir cubano.
Aún del patíbulo pende
la cabeza del hermano.
El pendón filibustero

aún hirviente sangre empaña.
¡Viva Estrampes! ¡Viva Agüero!********
¡Muera España! ¡Muera España!

-Un patriota-

*   Pactada la paz del Zanjón entre los contendientes cubanos y españoles, que puso fin a la Guerra de los Diez Años, el gobierno metropolitano hizo algunas concesiones políticas a la colonia. Así fue posible el surgimiento del Partido Liberal Autonomista de José María Gálvez y Rafael Montoro cuyo propósito era "lograr para Cuba la mayor libertad posible y la descentralización política y administrativa, dentro del estado español" (*Historia de la Isla de Cuba* Manuel y Carlos Márquez Sterling, Regents Publishing Company Inc. New York, 1975 (116)), pero apenas formado el PLA surgió asimismo el Partido Unión Constitucional de los llamados *integristas* españoles, cuya finalidad consistía de obstaculizar aquellos propósitos a toda costa, aliándose al Partido Conservador de la península y ejerciendo influencia también sobre el Partido Liberal metropolitano. La paz del Zanjón no había conseguido pacificar el ánimo de los cubanos que veían cómo sus esfuerzos y sacrificios durante los años de guerra se veían ahora poco menos que burlados. Tuvo lugar entonces la llamada Guerra Chiquita, que tampoco consiguió imponer la voluntad cubana, pero puso de manifiesto la inconformidad de muchos hijos del país con el *status quo* y radicalizó aún más si fuera posible a los intransigentes *integristas*. Para 1891, el régimen colonial español en Cuba estaba en quiebra, aunque ello no significó su inmediato final. Liberales y conservadores de la Península no se diferenciaban mucho respecto a su idea de gobernar Cuba y con arreglo a qué medidas. Antonio Cánovas del Castillo estaba al frente de los conservadores y Práxedes Mateo Sagasta presidía a los liberales. Con la victoria de los conservadores, fue nombrado ministro de Ultramar Francisco Romero Robledo, quien lejos de mejorar la situación de la colonia la gravó con nuevas imposiciones y arbitrariedades. Creó nuevos impuestos y aumentó el monto de los existentes, que ya eran numerosos. Centralizó aún más la administración y gobierno de la colonia. Suprimió tribunales cuyas funciones naturalmente se arrogó; así como centros de enseñanza. Arrebató a la Universidad de La Habana facultades y grados. Aunque de relativa corta duración, este régimen ahondó el abismo que ya se había formado entre cubanos y peninsulares. El gobierno de Canovas dio paso al régimen liberal de Sagasta hacia fines de 1892. Un movimiento de protesta tuvo lugar en la colonia en contra de los impuestos y a favor de mejoras de tipo económico, pero pronto estas exigencias alcanzaron al componente político. Entre tanto, José Martí, y los cubanos que con él conspiraban desde los Estados Unidos y otras partes del exterior ejercían presión real sobre la política española en la Isla. Esta vez, el ministerio de Ultramar recayó en las manos del ministro Antonio Maura y Montaner. A Maura se encomendó en principio dotar de un nuevo sistema administrativo a la colonia. Maura impulsó con decisión y coraje dicha encomienda y su actuación causó la escisión del partido integrista. Algunos se apartaron para constituir el Partido Reformista que se situaba entre los integristas y los autonomistas. Gran parte de los cubanos, sin embargo, no confiaban en aquellos que habían abogado por el integrismo. En todo caso, las reformas propuestas por Maura no llegaron a ninguna parte. Maura se vio obligado a dimitir bajo presiones de todo tipo, y quienes le sustituyeron al frente del ministerio de Ultramar, Manuel Becerra, primero, y más tarde Buenaventura Abarzuza desvirtuaron y paralizaron las reformas propuestas por Maura. El efecto que esta nueva burla a las aspiraciones cubanas tuvo sobre los más jóvenes fue el de impulsar su rebeldía, convencidos de que nada podía esperarse de la madre patria. Así como el Partido Autonomista surgido tras la paz del Zanjón se había nutrido de antiguos separatistas, ahora el autonomismo se deshizo en vista de que un gran número de sus integrantes volvían a integrar las filas del independentismo más radical.
**   Alusión a los españoles. Por contraste los cubanos eran *los bijiritas*.
***   José Antonio Saco (1779-1879) en su obra *Memoria sobre la vagancia en la Isla de Cuba*, así como en otras de su pluma había denunciado la corrupción administrativa de los gobiernos coloniales, ofreciendo una disección de dichos males, *vis a vis* sus causas y razones.
****   Félix (de) Bona, economista y hombre político español, [¿n. 1821?] murió en Madrid en 1889. Afiliado desde su juventud al Partido Progresista, fue sucesivamente redactor o colaborador de *El Clamor público* (1848 a 1852), de *El Liberal*, de *La Discusión* (1850 a 1859), y posteriormente de *La América*, *La Voz del siglo*, *La Constitución* y *El Día*, donde hizo sus últimas campañas. Entre sus obras figuran la *Economía popular*, conferencias dadas en el Conservatorio de Artes en 1870. *La Contabilidad de la*

Hacienda pública, [De] La explotación y tarifas de los ferrocarriles españoles (1859), y *La Huelga* (póstuma). (Enciclopedia Espasa. Enciclopedia universal ilustrada: europeo-americana. Bilbao, Madrid, Barcelona: Espasa-Calpe, [1907?]-c1930. (vol. 8, p. 1566) [Otras obras suyas son *Chateaubriand, sa vie et ses écrits; Vie de Madame de Chateaubriand; Une famille de peintres : Horace Vernet et ses ancêtres; Cuba, Santo Domingo y Puerto-Rico*. *Historia y estado actual de Santo Domingo, su reincorporación y ventajas ó inconvenientes según se adopte ó no una política liberal para su gobierno, para el de las demás Antillas y para nuestras relaciones internacionales*. --*Estado actual político y económico de Cuba y Puerto Rico. Urgente necesidad y conveniencia de liberalizar su administración.*

Eduardo Asquerino y García, (1826-1881) político e intelectual español. Fue director de la revista, *La América*, crónica hispanoamericana. Además de senador por las provincias de Valencia, Cádiz, Baleares y Huelva se desempeñó como diplomático en Chile a mediados del siglo XIX. Falleció en la Legislatura 1881-82. Originales algunas, refundidas de otros autores o en colaboración dejó un número de obras entre las que se cuentan: *El escondido y la tapada : comedia en tres actos / de Don Pedro Calderón de la Barca ; refundida por Don Eduardo Asquerino; Horas perdidas: leyenda en verso y en variedad de metros / por don Eduardo Asquerino; Matamuertos y el cruel : juguete andaluz en un acto y en verso/ por don Eduardo Asquerino; Los amantes de Chinchón. (Parodia de los Amantes de Teruel): pieza tragi-cómico-burlesca, en verso / Juan Martínez Villergas, Miguel Agustín Príncipe y Vidaud, Gregorio Romero Larrañaga, Eduardo Asquerino y Gabriel Estrella; El héroe de Bailén : loa / por la Excelentísima Señora Dª.Gertrudis Gómez de Avellaneda, y los señores Don Adelardo Ayala, José María Díaz, Mariano Zacarías Cazurro, Gregorio Romero Larrañaga, Juan Ariza, Gabriel Estrella, Isidoro Gil y Eduardo Asquerino, seguido de una Corona Poética dedicada a la memoria del Excmo. Sr. General Castaños*

***** Guayaba. Aunque toma como referente a la fruta de este nombre, se refiere a un engaño, mentira, fraude o embuste que se hace pasar como si no lo fuera. Se trata de un modismo utilizado en Cuba para referirse a algo que habiendo sido ingerido con gusto (tragado) puede resultar indigesto, bien por el exceso, bien por la inmadurez de la fruta a la cual alude, y que puede ser comida verde o madura. En ocasiones se recalca la cualidad indigesta del bolo añadiéndose a la palabra *guayaba* el adjetivo *verde* precisamente. Hoy se emplea con menos frecuencia. Además de este modismo se emplean a veces con igual valor los términos *paquete* o *paquetón*

****** Referencia a la liberalidad de la Constitución de 1837, cuyos beneficios se descartaron para Cuba y Puerto Rico. De la página cibernética *constitución.es* que, a su vez la toma de diversas fuentes —según indica— procede la información siguiente:

Estatuto Real de 1834 Tras la muerte de Fernando VII en 1833, comenzó el periodo de regencia de su viuda, María Cristina de Borbón, durante la minoría de edad de Isabel II. El nuevo Consejo de Gobierno, encargado de realizar la transición liberal, abrió paso al Estatuto Real de 1834. El Estatuto era, en realidad, una Carta Otorgada que establecía la soberanía compartida entre el Rey y las Cortes, pero que no garantizaba la libertad ni la división de poderes. Su vigencia se extiende hasta agosto de 1836, fecha en que vuelve a entrar en vigor la Constitución de 1812.

Constitución de 1837
Los enfrentamientos entre moderados y progresistas provocaron la crisis del Estatuto Real, lo que forzó a la Reina Regente María Cristina a restaurar la Constitución de 1812. Esta medida dio paso a un Gobierno de corte progresista y a la elección de unas Cortes Constituyentes encargadas de la reforma constitucional.
La Constitución de 1837 fue obra de los progresistas, pero tuvo un carácter conciliador. Sus principios se inspiraban en los del texto de 1812. Introdujo en España la monarquía constitucional, y establecía unas Cortes bicamerales, además de incorporar por primera vez en [el] país una declaración sistemática y homogénea de derechos. Estuvo vigente hasta 1845.

******* Las Juntas Cubanas de Nueva Orleáns y Nueva York y el Club de La Habana preparaban un movimiento insurreccional, el cual sería apoyado por una expedición militar que saldría de playas norteamericanas bajo el mando del general John A. Quitman. El presidente de los Estados Unidos, Franklin Pierce, desautorizó toda tentativa de fuerza para apoderarse de Cuba, y el general Quitman se separó de los conspiradores. Un delator, informó al general José Gutiérrez de la Concha acerca del plan conspirativo y del nombre de los encartados. Uno de ellos, Ramón Pintó, español de antecedentes liberales, ex-director y ex-propietario del Diario de la Marina, fue apresado, juzgado y ejecutado en La Punta el día 22 de marzo de 1855. Por igual razón, fue ejecutado el 31 del propio mes José D'Strampes. Concha había declarado: "Los que aspiren a romper la cadena del poder en Cuba correrán [todos] la misma suerte", y dispuesto a cumplir su amenaza no vaciló en ejecutar a D'Strampes como antes ordenara la ejecución de Pintó.

ÍNDICE GENERAL

Tabula gratulatoria	5
A manera de presentación	7
Del reconocimiento al olvido. (La trayectoria vital y creadora de Emilia Bernal Agüero): Notas para la re-edición de su autobiografía	11
Foto de la autora (tomada de la edición príncipe)	33
Dedicatoria	37
Explicación	39
Proemio: <<*El alma de mi pueblo*>>	41
El alma de mi pueblo	43

I
Ciudad colonial

La casa solariega	45
El patio	47
¡Antaño! ¡Antaño!	48

II
Mi padre

Cómo acaba una fiesta	50
Hasta que yo nací	52
Mis primeros recuerdos	53
Filomena	54
Mi hogar: el cuarto de trabajo de mi padre	55
Las exposiciones anuales en el Casino Campestre	56
Mis primeras luchas	57
En casa de las Paneca	58
¡Gelabert! ¡Gelabert!	59

III
Las Minas

De viaje	62
Mi escuela	63
Los juegos del sábado: las comiditas, el ferrocarril, la tropa, las paradas	64
De romería	66
Los exámenes	67
Mi abuelito	69

IV
La autonomía

Aurora de libertad	72
Maura y Abarzuza	73
Una lección de pintura	75

V
Altagracia

Viaje campestre	78
¡Fuego! ¡Fuego!	79
Altares de cruz	80
El baile	81

VI
Vicente

Vicente	84
Yo soy el barbero	85
Los caballitos	86
El pacificador	87
¡Viva Cuba libre!	89
El incendio	90
En camino	92
Amanecer	93
Hacia el puerto	94

VII
Bajo otro cielo

El exilio	97
Nuevo hogar	98
A mi hija	100
Frente a la vida	102
Papí Sánchez	103
Querella de campanario	105
Consideraciones	106
Fábrica de globos	107

VIII
La vuelta a la patria

La miseria	111
Idilio	113
El pastoreo	114
Reacción	115
Ruptura	116

IX
¡Adiós para siempre!

La reconcentración	119
¡Hasta la eternidad!	120
El ejército libertador	122
Rosa La bayamesa	123
Nueva era	124
¡Adiós para siempre!	125
Notas	128
Principales Fuentes bibliográficas consultadas	145
Apéndice 1	149
Apéndice 2	150

Apéndice 3	152
Apéndice 4	154
Apéndice 5	157
Apéndice 6	159
Índice General	171

Layka Froyka
El romance de cuando yo era niña
de
Emilia Bernal Agüero
se imprimió en los talleres tipográficos de
King Printing Company, Inc.
Estados Unidos de América,
en la segunda quincena del mes de febrero del año 2006

Ediciones La gota de agua
1937 Pemberton Street
☐Philadelphia, PA 19146☐
info@edicioneslagotadeagua.com